总主编◎楼宇烈

中华优秀传统文化经典丛书

黄书

（清）王夫之 著 ◎ 张浩文 译

中国出版集团
中 译 出 版 社

图书在版编目（CIP）数据

黄书 / （清）王夫之著 ; 张浩文译. -- 北京 : 中译出版社, 2024.1
ISBN 978-7-5001-7664-0

Ⅰ. ①黄… Ⅱ. ①王… ②张… Ⅲ. ①王夫之（1619-1692）－哲学思想－文集 Ⅳ. ①B249.25-53

中国国家版本馆CIP数据核字(2023)第257590号

黄　书

HUANG SHU

策　　划：善品堂藏書
责任编辑：张　旭　王　滢
特约编辑：刘守根　吴　晶
封面设计：宋徽因
出版发行：中译出版社
地　　址：北京市西城区新街口外大街28号普天德胜大厦主楼4层
电　　话：010-68002876
邮　　编：100088

规　　格：889mm×1194mm　1/32
印　　张：8.75
字　　数：100千字
版　　次：2024年1月第1版
印　　次：2024年1月第1次
书　　号：ISBN 978-7-5001-7664-0
定　　价：86.00元

中　译　出　版　社

出版缘起

文化是一个国家、一个民族的灵魂。泱泱华夏，五千年文明历史所孕育的中华优秀传统文化，是中华民族生生不息、发展壮大的丰厚土壤。

党的十八大以来，以习近平同志为核心的党中央高度重视中华优秀传统文化的传承与发展。2013 年 11 月 26 日，习近平总书记在山东曲阜孔府和孔子研究院考察时强调："要大力弘扬中国传统文化。" 2022 年 6 月 8 日，习近平总书记在四川眉山三苏祠考察时指出："要善于从中华优秀传统文化中汲取治国理政的理念和思维。" 2017 年 1 月，中共中央办公厅、国务院办公厅印发《关于实施中华优秀传统文化传承发展工程的意见》，系统部署传承发展中华优秀传统文化的战略任务，把传承中华优秀传统文化提升到新的历史高度。2022 年 4 月，中共中央办公厅、国务院办公厅印发《关于推进新时代古籍工作的意见》，明确指出，要完善古籍工作体系、提升古籍工作质量，“挖掘古籍时代价值”，“促进古籍有效利用”，“做好古籍普及传播”。

中华传统文化是中华民族的“根”与“魂”。文化兴则国家兴，文化强则民族强。没有高度的文化自信，没有文化的繁荣兴盛，就没有中华民族的伟大复兴。党的十九届六中全会强调，要“推动中华优秀传统文化创造性转化、创新性发展”。为适应全民阅读、共读经典的时代需求，我们组织出版《中华优秀传统文化经典丛书》，以展示古籍研究领域的成果，推广、普及中华优秀传统文化经典，传承、弘扬中华优秀传统文化，提振当代中国人的文化自信。

激活经典，熔古铸今。丛书精选中华优秀传统文化经典，既选取广为人知的历史沉淀下来的传世经典，也增选极具价值但未曾选入的珍稀出土文献（如诸多竹简、帛书典籍），充分展示中华传统文化的历史脉络与宏富多元。丛书由众多学识渊博的专家学者担任编委，遴选各领域杰出研究者与传承人担任解读（或译注）作者，切实保证作品品质。

丛书定位为中华优秀传统文化经典普及读物，力求能让广大读者亲近经典、阅读经典，充分领略和感受中华优秀传统文化的魅力并从中获益。为此，解读者（或译注者）以当代价值需求为切入点解读古代典籍，全方位解决古文存在的难读难解、难以亲近的问题，让中华优秀传统文化贴近现实生活，走进人们的心中，最大限度地发挥以文化育人的作用。

“问渠那得清如许？为有源头活水来。”博大精深的中华文化源远流长，五千年文脉绵延不绝，中华优秀传统文化是中华儿女奋发图强、继往开来、实现民族伟大复兴的强大精神来源。“洒扫应对，莫非学问。”读者诸君若能常读经典、读好经典，真正把传统文化的精义、精髓切实融入生活和工作中，那么各位的知与行也一定能让生活充满希望，让工作点亮未来，让国家昌盛，让世界更美好！

丛书编委会

2022 年 6 月 9 日

王舩山先生遺像

前言

王夫之（1619—1692年），字而农，号姜斋，衡阳人，明末举人。善诗文，工词曲，对天文、地理、历法、数学都有研究，尤精于哲学、经学、史学等。一生著作百余种，约八百万言。

王夫之是一个百科全书式的思想家，与顾炎武、黄宗羲并称明清之际三大思想家。他自幼跟随自己的父兄读书，青年时期醉心复明反清，晚年隐居于石船山，著书立传，自署船山病叟、南岳遗民，学者遂称之为船山先生。

毛泽东对王船山的评价极高，他在学生时代的笔记《讲堂录》中就记下了王船山“有豪杰而不圣贤者，未有圣贤而不豪杰者也”的论断。作为明朝遗民，深感复明无望，只好躲到湘西苗瑶贫瘠山区，以“六经责我开生面，七尺从天乞活埋”为生命意义，著书立说，寻找天道。他一生著书立说，但生前，数百万字的著述都没有刊行，思想被埋没了二百年。直到晚清，由曾国藩、曾国荃兄弟出资，在船山后人刻印船山遗著基础上，重新汇刊《船山遗书》，曾国藩还亲自撰写序言。船山思想才迅速为国人知晓。此后，他的名著《读通鉴论》《周易外传》《宋论》《黄书》等，对清末革命派和二十世纪中国思潮产生了很大影响。

其中，《黄书》是船山一生著作中的精粹，写于1656年（明永历十年，清顺治十三年）。它犹如一篇“民族宣言”，对故国山川“博衣、弁带、仁育、义植”的文物教化，充满眷恋之情。

所谓《黄书》，顾名思义，是关于黄帝文明的书，既包含称颂汉民族的始祖黄帝轩辕氏事功的意思，又包括称颂其具有“黄中”美德的意思。王夫之忠君爱国，泣血扶倾，坎坷从政失败后，在流亡湘南期间，开始从理论层面思考明亡的原因，探求中国的兴盛之道。在《黄书》里，船山对各个小共同体的分析专章，可谓千古不刊之论，与其《读通鉴论》《宋论》一脉相承。

《黄书》的主旨是“拒间气殊类之灾，扶长中夏以尽其材”。全书只有七篇，两万余字，却构成了王夫之一整套完整的治国方略。首篇《原极》为全书之纲，论圣王严华夷之辨是效法天则；其余六篇，分题论述，《古义》说立国遵古；

《宰制》讲军区设置；《慎选》言慎重选举；《任官》明任官勿疑；《大正》申廉正之风；《离合》阐治乱交替。

王夫之倡言从经济上、军事上和文化上去强盛中国，华夏民族便可以永固于天下，他断言：“公其心，去其危。尽中区之智力，治轩辕之天下。”稽诸文献，当时反清的青年多因读《黄书》而激发了被压迫的情感，一是要抵抗帝国主义的侵略，二是要推翻清朝统治，要求建立一个以黄帝为开国始祖的民族独立的国家。后世有史家认为，黄潮是近现代民族主义的觉醒。由于船山的《黄书》突出地强调黄帝“树屏中区，闲摈殊类”，所以在清末民族主义思想兴起之后，辛亥革命党人便将《黄书》视为反清的革命旗帜，一时《黄书》风行天下。近现代湖南人率先推举王船山为精神领袖。陶澍、邓显鹤、魏源、唐鉴、胡林翼、曾国藩、左宗棠、郭嵩焘、谭嗣同、唐才常、杨毓麟、陈天华、黄兴、蔡锷、宋教仁、龙璋、禹之谟、刘人熙、杨昌济等人的不断推崇，创造了一种新传统。

最早重视《黄书》所宣传的民族主义者是章太炎。他曾感慨地说：“观于《黄书》，知吾民之皆出于轩辕。余以姜姓之氏族，上及烈山，则谓之皆出于少典可也。海隅苍生，皆少典之胄；广轮万里，皆少典之宅。以少典之宅，而使他人制之。是则祭寝庙者亡其大宗，而以异姓为主后也，安论其戎狄与贵种哉？”

章太炎在清末对于《黄书》的大力推崇，引发了近代尊黄思潮的兴起。其标志是1903年《黄帝魂》一书的出版。有志之士几乎人手一册，是当时的畅销书。此后，各种进步报刊纷纷出版、进步团体纷纷成立，尊黄思潮进一步高涨。

《黄书》不仅是清末革命党人反清的武器，还包含了王夫之经世的学问。清末“师夷长技以制夷”，学习西方以商业为本的“大策”，各界共同振兴商业，以对抗帝国主义的经济侵略。光绪三十二年（1906年），署名为“勇立”的人在《东方杂志》上发表了一篇《王船山学说多与斯密暗合说》的“社说”，将王船山的经济思想与亚当·斯密的经济自由主义思想进行了比较研究，认为王船山的经济思想“与斯密生计自由之说，真若无毫发之差者”，并推崇王船山是“我国最大之计学家”，与亚当·斯密东西辉映。

与清末此书流行一时形成鲜明对照的是，现当代却鲜有人知。当然，这与其所处的时代背景有很大关系，但《黄书》所论述的思想绝没有过时。本次出版以清同治四年（1865年）曾氏金陵《船山遗书》为底本，全文全译，借此希望船山精神继续传承与发扬。

目　录

原极第一

圣人审物之皆然而自眕其类，尸天下而为之君长，区其灵冥，湔其疑似，乘其虫壤，峻其墉廓，所以绝其祸而使之相救。故曰，圣人与天地合德者，岂虚获哉。

夫观初始于天地者，岂不大哉！洋洋乎金以铣之，木以干之，土以敦之，火烜、风挠、水淴以烝化之，彼滋此孕以繁之，脉脉门门，泮涣[1]搏翕[2]以离合之，故盛德行于无疆而不知其届也。然而清其族，绝其畛[3]，建其位，各归其屏者，则函舆[4]之功所以为虑至防以切。

［注释］

1 泮涣：融解，分散，涣散。

2 搏翕（xī）：合拢；收敛。

3 畛（zhěn）：界限。

4 函舆：本意指车轿类乘坐之具，此泛指天之所覆、地之所载。

［译文］

且让我们看看天地最初生成的场面，岂不是非常壮观！

浩浩荡荡，产生了金，用以为凿；产生了木，用以支撑；产生了土，用以厚载。用火焚烧，用风吹拂，用水浸润。这些元素互相滋润、孕育繁衍，成就万物，它们时而分离，时而相连，因此，大的德行畅行于天地的疆域中，而不知道其界限。然而，天地却要自然万物清理它们各自的族系，断绝彼此之间的分界，建立它们各自所处的地位，回到自己的区域，可以看出，天地的考虑是非常周到、防范是非常严密的。

是故山禽趾疏，泽禽趾幂，乘禽力横，耕禽力纵，水耕宜南，霜耕宜北，是非忍于其泮散而使析其大宗也，亦势之不能相救而绝其祸也。是故圣人审物之皆然而自畛其类，尸天下而为之君长。区其灵冥，湔[1]其疑似，乘其蛊坏，峻其墉廓，所以绝其祸而使之相救，故曰“圣人与天地合德”者，岂虚获哉！

［注释］

1 湔（jiān）：洗。

［译文］

所以，山中的鸟类脚趾之间距离比较宽，而水中的鸟类脚趾间长有蹼；飞鸟惯于横向仄击，走兽惯于纵向用力；水田适宜在南方耕作，带霜耕作适宜在北方。这并不是忍心要把它们分开，故区别为大的类别，而是由于自然的情势，它们无法相济，所以才断绝它们互相伤害。因此，圣人知悉世间万物都是按照这样的方法繁衍生息，才对天下人也采用区分族类的办法，限制每个族类的生存范围，主宰天下，成为天下的君王。区分臣民的聪颖和愚钝，清除那些不可靠的分子，修缮被破坏的屋宇，加高城防，以此防范杜绝外来族类的灾祸，也使自己的族类可以相互救援。我们说，“圣人的品德和天地相合”，这哪里是假的呢？

夫人之于物，阴阳均也，食息均也，而不能绝乎物。华夏之于夷狄，骸窍均也，聚析均也，而不能绝乎夷狄。所以然者何也？人不自畛以绝物，则天维裂矣。华夏不自畛以绝夷，则地维裂矣。天地制人以畛，人不能自畛以绝其党，则人维裂矣。是故三维者。

[译文]

人之于天地万物，阴阳是一样的，饮食、休息是一样的，但是人不能不隔绝万物。华夏之于夷狄，骨骼、七窍都是一样的，或群居、或独居也是一样的，华夏之人不能不隔绝夷狄，这是为什么呢？如果人类不自我划定界限以隔绝万物，那么上天的纲纪（天维）就会崩坏。如果华夏不自我划定界限以隔绝夷狄，那么大地的纲纪（地维）就会崩坏。天地划定人类的疆界，人如果不能自防来排除奸党，那么人的纲纪（人维）就会崩坏。这就是天地之间的三维。

三极之大司[1]也。昔者，周之衰也，誓诰[2]替，刺雅兴，镐京沦，东都徙，号祭存，纲纽佚，诅盟屡私，数圻日兼，故抱器服而思烹溉者，日恻恻然移玉[3]之为忧。而圣人之所深长思者，或不在此，作春秋，明王道，内中夏，外戎狄，疑号者正其辜而终徕之，外会者斥其贱而等摈之。

［注释］

1 大司：大事。

2 誓诰：誓和诰的并称。当众或共同表决心，依照说的话实行为誓，古代帝王对臣子的命令为诰。

3 移玉：请人前来或前往的敬语。

［译文］

三维是天地之间最高的准则。当初，周朝逐渐衰败的时候，臣下的告诫被废止了，讽刺时政的《诗经·国风》《诗经·雅》开始出现，镐京被犬戎攻陷，周王室被迫把都城东迁到洛邑（今河南洛阳市），周天子的名号和祭祀的仪式虽然还保留着，但是天下的纲常秩序已经崩坏了。诸侯为了私利互相结盟，小国逐渐被大国兼并，因此，小国的臣民，每天无不为可能亡国而感到担忧。但是，孔子所考虑深远的，却不在于此，他编纂《春秋》，阐明王道，把中原华夏当成一家，周边夷狄当作异族。对怀疑华夏正统地位的人，要改变他们的态度，最终招附他们；而地处边远之地的外族，则要把他们看作地位低下的人加以排斥。

夫周之衰，非有匈奴、吐蕃、契丹、鞑靼以为之外逼也，陆浑、吾离、允姓、侨如之族种不能配中国之一名都也，燕之北鄙，秦之西陲，未尝晨夕于奔命也。葵邱束牲而小白求三脊之茅[1]，城濮馆穀而重耳干隧道之请[2]，周之玉步将上逼之为兢兢，而圣人终不以彼忧易此恤者，则其故何也？文武之兴，昕履牧率，夕步天祚，滥唐沿虞，服夏裼商，承建列侯，各君分长，山河塞阨际蛮戎夷貊者，昔之天下也。既规规然惴其旁午，复鼎鼎然虞其上下，诸侯或僻介荒小，用寡捍强，以小藩大，势诎于所守，力仅于所争，固未尝不纠回蜿蜒于圣王之心。

［注释］

1 葵邱束牲而小白求三脊之茅：公元前656年，齐桓公借口楚国没有按时向周王室进贡包茅，带领八个诸侯国的兵马攻打楚国，楚国迫于压力，继续向周王室进贡包茅。公元前651年，齐桓公在葵丘召集鲁、宋、卫、郑、许、曹等国相会结盟，标志着齐国的霸业达到了顶峰。葵邱：即葵丘，今河南民权县。小白：齐桓公，名小白。三脊之茅：古代以为祥瑞，多用于祭祀。

2 重耳干隧道之请：公元前652年，周惠王去世，太子郑秘不发丧，在齐桓公支持下继位，是为周襄王。周襄王异母弟王子带发动叛乱，联合狄人军队攻周，大败周军。周襄王逃居于郑国。前635年，晋文公重耳帮助周襄王返回成周，平定叛乱。之后，晋文公朝见周襄王，提出死后以隧礼入葬。襄王以不合礼法为由拒绝了晋文公。隧：隧礼，周代天子的墓道称为隧。隧是只有天子才能享有的礼制。

[译文]

周朝的衰亡，并不是因为外部有匈奴、吐蕃、契丹、鞑靼等夷狄的进逼，像陆浑、吾离、允姓、侨如等小的夷族，人口远没有中原一座大城市多。燕地的北部边疆，秦地的西部边陲，也并不是从早到晚都忙于防御外族的入侵。齐桓公在葵丘举行会盟，称霸于诸侯，而责备楚国不向周天子进贡包茅；晋文公与楚国争霸，而有隧道之请，周天子的地位和权力，已经受到严重威胁。但是，孔子始终都不感到担忧，而将明王道、内中夏、外夷狄作为重心，这是为什么呢？周文王、周武王的兴起，早上还是诸侯，率兵在牧野之战中打败商朝，晚上就成为君王，沿着唐尧、虞舜、夏朝、商朝的旧制，分封了八百个诸侯国，分别册封了各自的君主，在边疆地区，其山河关塞与蛮夷相接的地方，仍然是之前的样子，始终关注着夷狄的情况，怕它们发展壮大，挑衅中原。一些地处偏远之地的诸侯国，以弱小抵御强大，以小国作为大国的屏障，总会遇到被形势所迫、力所难及的情况，这些问题，未尝不在君王的心中时刻挂念着。

夫廷万国，一君长，挟尺捶而奔役四宇，功施铁钺[1]，烂然开于共主而天下弗分其功名，圣人岂异人情而不欲此哉！然而山河以西，师旦[2]分牧。函崟[3]以东，召奭[4]代理。五侯九伯，州长连率，经纬缝紩，割制员幅者，使之控大扶小，连营载魄。是故偏方远服，不受孤警。连城通国，若运揽臂。则周之盛王所以维系神皋，摈拒夷类者，意未有所弛而权不可得而衰。

[注释]

1 铁钺：斫刀和大斧。泛指帝王的专征专杀之权。

2 师旦：周公旦，西周开国元勋，辅佐周武王灭商。

3 函崟（yín）：函：函谷关，崟：高耸，高峻。

4 召奭（shì）：召公，姬姓，名奭，西周宗室，辅佐周武王灭商后，受封于蓟。

［译文］

天下的君王，统治延伸到万国，挥动手中的鞭子，就可驱使整个天下，掌握天下的专征专杀之权，被尊为天下共主，却无人敢和君王分享功名，圣人难道不同于这种人之常情，不愿意分享功名吗？但是，华山、黄河以西由周公旦分管，函谷关崇山峻岭以东，由召公代治。五等诸侯，九州首领，各地军政长官，统率军队，纵横交错，分区治理，使他们可以操控大国，扶持小国，彼此互相连接，所以即使处在偏远之地，也没有被孤立的危险。君王连接城池，调动国家，就像活动自己的臂膀一样灵活自如。周朝的有德之君，之所以可以有效地维持神州、排除异族干扰，在于他们的思想没有松懈，权力也没有衰弱。

夷、厉[1]而降，牧长无命，纲维溃破，锋矢寻于同仇，牖户[2]薄于外御。是故孤竹[3]蹙燕，淮夷[4]病杞，鄋瞒[5]、义渠[6]侮齐，宋而窥河、渭，然而天子不能命伯。列侯之强大者矫激奋起，北斥南征，故斩令支[7]，轹卑耳[8]，拓西戎，刈潞氏[9]者，犹赫赫然震矜其功以张赤县之帜。

[注释]

1 夷、厉：周夷王和周厉王。周夷王，姬姓，名燮，周朝第九代君王。周厉王，姬姓，名胡，周朝第十代君王，为政暴虐，在位三十四年被逐。

2 牖户：窗户。

3 孤竹：古国名，在今河北秦皇岛市卢龙县东南一带。

4 淮夷：古族名，周朝淮河南北近海的夷人。

5 鄋（sōu）瞒：春秋时长狄的一支，在今山东济南市一带。

6 义渠：古西戎国名，在今甘肃合水县、泾川县等地。译者按：义渠侮齐，不见尚书记载，且西戎与齐，相距甚远，疑船山所记有误。

7 令支：春秋时西戎的属国，今河北迁安市一带。

8 卑耳：卑耳山，在今山西平陆县。

9 潞氏：春秋时赤狄族建立的小国，在今山西长治市一带。

[译文]

周夷王和周厉王之后，诸侯王不再听从周天子的诏命，天下的纲纪与三维遭到破坏，诸侯王将刀锋箭矢对准同姓诸侯，连年开战，对周边异族的防御大大削弱。因此，孤竹国进逼燕国，淮夷族困扰杞国，鄋瞒、义渠轻侮齐国和宋国，进而窥伺黄河、渭水，但是此时周天子权力微弱，不能命令诸侯。强大的诸侯国愤然而起，南征北战。齐桓公斩杀令支，践踏卑耳山；秦穆公讨伐西戎，拓地千里；晋国消灭潞氏，威震一方。他们公开宣扬自己的武力，张扬赤县神州的大旗。

彼其左旋右携，夸武辟疆者，虽不足以与圣王权衡三维，裘领[1]八极之盛心，而圣人犹将登进之，为稍持其祸而异于澌灭也。是以周之天子赐肵俎[2]，锡彤弓，命随会[3]，敓黻冕[4]，贺任好[5]，播金鼓，而不见讥于《春秋》。故曰"其事则齐桓、晋文，其义则某窃取之矣"，盖进之也。

[注释]

1 裘领：皮裘的衣领。比喻事物要领。

2 肵俎（qí zǔ）：敬尸之俎。古代祭祀时用以盛牲体心舌之器。

3 随会：春秋晋人士会，受封于随，故称随会。

4 黻（fú）冕：祭服。

5 任好：秦穆公，嬴姓，赵氏，名任好，秦国第九位国君。

[译文]

他们左征右伐，开疆拓土，虽然比不上周天子权制三维

（天、地、人）、总揽天下的魄力，但孔子还是要称赞举用他们，目的是控制灾祸的蔓延，防止天下因此败亡。因此，周天子把祭祀时用以盛牲体的俎、漆成红色的弓赐给齐桓公和晋文公；任命随会做官，赏赐给他祭祀时穿的礼服礼冠；祝贺秦穆公的功业，赏赐给他可以号令三军、吊民伐罪的金钲和战鼓。周天子这些超过礼制的做法，孔子并没有在《春秋》进行讥讽。因此，《孟子·离娄》说："春秋时代圣王的功业已经消散了，所存的不外乎齐桓公、晋文公等建立的霸业，这段历史的褒贬本应由周天子做出，但是孔子已经将它记录在《春秋》中了。"这段话肯定了春秋五霸的贡献。

夫奠三极，长中区，智周乎四皇，心尽乎来许。清露零柯而场圃[1]入保，片云合岱而金堤戒滥，吴呼好冠而晋视命圭，杞用夷礼而胄绌神禹，莫不逆警萌甲而先靖宫廷。是故智小一身，力举天下，保其类者为之长，卫其群者为之邱。

［注释］

1 场圃：农家收打作物和种菜的地方。

［译文］

奠定天、地、人三维的基础，推崇中原华夏地区的地位，智慧通达天地，心中思考着未来。秋天清晨的露水刚刚滴落到树叶，就要保护好田地里的庄稼；几片云朵在泰山顶聚集，就要加固堤坝以预防洪水；不喜欢戴帽子的吴国人，一旦谈论起喜欢戴帽子，晋国就忙于整军戒备，防止吴国的入侵；杞国人一旦用夷礼，就会忘记自己是神禹的后代。这些故事没有一件不说明，要提防祸患的产生，就要先安定自己周围的环境。因此，充满智慧，用力量平定天下，保护同类的人可以做天下的君长，能护卫好族群的人可以担任高官。

故圣人先号万姓而示之以独贵，保其所贵，匡其终乱，施于孙子，须于后圣，可禅，可继，可革，而不可使夷类间之。然后植其弱，掖其僵，扬其洁，倾其滓，冠昏[1]饮射以文之，哭踊[2]虞祔[3]以哀之，堂廉级次以序之，刑杀征伐以整之，清气疏曜，血脉强固，物不干人，沴不侵祥；黄钟[4]以节之，唱叹以浏之，故礼乐兴，神人和，四灵集，而朱草、醴泉相踵而奔其灵也。

[注释]

1 冠昏：冠礼与婚礼。

2 哭踊：丧礼仪节，边哭边顿足。

3 虞祔：虞祭与祔祭。虞为葬后之祭，祔为合于先祖庙之祭。

4 黄钟：古之打击乐器，多为庙堂所用。

[译文]

因此，圣人首先号召百姓以显示自身的尊贵，保持自己所处的尊贵地位，纠正天下可能出现的错乱，把独尊的地位传给子孙后代，等待后来的圣贤，或者禅让，或者父死子承，或者用革命的方式，但万万不可让夷狄参与其中。圣人获得独尊地位后，才能扶持弱小，搀扶冻馁，表扬高尚的品德，贬斥败坏的渣滓；并用加冠、成婚、饮酒、射箭等一整套礼仪教化百姓，用丧礼祭祀的仪式悼念死者，用等级制度区分尊卑，用刑法杀戮、征战讨伐整肃天下。这样，天下才会充满清明之气，血脉才会强盛，外物不能冒犯人类，凶邪不能侵犯吉祥。再用洪亮的音乐使人和悦，用嘹亮的歌唱使人舒畅，于是，礼乐兴盛，神人相和，青龙、白虎、朱雀、玄武同时聚集，朱草、醴泉相继出现，彰显灵气。

今夫玄驹[1]之有君也，长其穴壤，而赤蚍、飞螱之窥其门者，必部其族以噬杀之，终远其垤，无相干杂，则役众蠢者，必有以护之也。若夫无百祀之忧，鲜九垓[2]之辨，尊以其身于天下，愤盈俦侣[3]，畛畔同气，猜割牵役，弱靡中区，乃霍霍然保尊贵，偷豫尸功，患至而无以敌，物逼而无以固，子孙之所不能私，种类之

所不能覆，盖王道泯绝而《春秋》之所大慭[4]也。

[注释]

1 玄驹：亦作“玄蚼”，蚁的别名。

2 九垓：亦作“九畡”“九陔”。中央至八极之地。

3 俦侣：伴侣，朋辈。

4 慭（yìn）：损伤，残缺。

[译文]

黑蚂蚁也是有君长的种族，蚁后会下令加固洞穴口的土壤，如果红蚂蚁、白蚂蚁窥视它们的洞口，蚁后就会率领整个族类，咬死来犯的蚂蚁，直到来犯者远离它们的洞穴、互不干扰时为止。蚁后统治整个蚁群，必须要有保护族群的办法。如果君主没有对王位是否能代代相传的担忧，没有对华夏居中原和夷狄处八方的明确区分，而只保持自身的尊贵地位，引起天下的怨恨，使得属国叛离，相互猜忌，中原疲弱，而仍然要保其尊贵，苟且偷安，贪天之功，即使大难临头也无法阻止，外族进逼而无法抵挡，子孙之所以无法代代相传，族群之所以不能有效保护，大概就是王道泯灭断绝的原因，也是孔子《春秋》中最为痛心的事情。

古仪第二

若乃天命去留，即彼舍此之际，无庸置心，要以衣冠为带之伦，自相统役，莫维措命，长远丑孽者，实以为符，得人而遂授之。

自昔炎裔德衰，轩辕肇纪，闵阽危[1]，铸五兵[2]，诛铜额[3]，涤飞沙，弭刃于涿鹿之野，垂文鼓弦，巡瑞定鼎，来鹇[4]梦弼，建屏万邦，而神明之胄骈武以登天位者，迄于刘汉五姓百十有七后，岂不伟与！是岂有私神器以贻曾玄之心哉！

[注释]

1 阽（diàn）危：临近危险。

2 五兵：五种兵器，具体说法不一。《穀梁传·庄公二十五年》："天子救日，置五麾，陈五兵五鼓。"范宁注："五兵：矛、戟、钺、楯、弓矢。"

3 铜额：传说蚩尤铜头铁额，有兄弟八十一人，下文飞沙即为其兄弟之一。

4 鹇（xián）：一种观赏鸟。

[译文]

自从炎帝的德政衰败以后，轩辕黄帝的伟业就开始了。他担忧天下临近的危险，命人铸造了矛、戟、钺、楯、弓矢等五种兵器，诛杀铜额（即蚩尤）、除掉飞沙。在涿鹿山打败蚩尤后，下令封存兵器，留下文字，编写音乐，巡狩迎瑞，定都建国，凤凰来仪，良臣入梦，建立上万个诸侯国作为屏藩，他的后代陆续登上王位，到刘邦建立汉朝，一共经历了五姓、一百一十七位君王，这岂不是很伟大的功业！他哪里有把王位传给子孙的私心呢？

而天贶[1]不舍，灵光来集者，盖建美意以垂家法，传流云昆，不丧初旨，群氓[2]蒸蒸，必以得此而后足于凭依，故屡滨播弃，而卒不能舍去以外求宗主。迹其所以焘冒[3]天下者，树屏中区，闲摈殊类而止。

[注释]

1 天贶（kuàng）：上天的恩赐。

2 群氓（méng）：百姓。

3 焘（dào）冒：荫庇。

[译文]

但是，上天的恩赐没有停止，帝王圣贤的美德前来会聚，这是因为黄帝建立的良法美意代代相传，一直没有丢掉其本意，天下百姓纯一宽厚，一定要得到君王的良法美意才有所依靠。所以，尽管华夏多次改朝换代，但最终却不能丢掉炎黄子孙，到外族去寻求宗主。追寻黄帝荫庇天下百姓的道理，建立了中国，以阻止异族的干扰。

若乃天命去留，即彼舍此之际，无庸置心。要以衣冠舄[1]带之伦，自相统役，奠维措命，长远丑孽者，实以为符，得人而遂授之。然而帝眷民怀，丝游胶液，纷纷延延，弥保云系者，则贸于相求而隐于相报也。

[注释]

1 舄（xì）：鞋。

[译文]

至于遇到天命或去或留、舍此就彼的时候，不必放在心上，而要让中原文明礼教之族自己统治自己，奠定天下的纲纪，维护国家的命运，居住在偏远之地的异族，就以实物作为信物，遇到合适的人选就授给他。但是，上天之所以眷顾，百姓之所以怀念，如同游丝，如同胶汁，绵延不绝而长久保持这种情况，实在是民意所求而天意暗助的缘故啊！

迄于孤秦，家法沦坠，胶胶然固天下于揽握，顾盼惊猜，恐强有力者旦夕崛起，效己而劫其藏。故翼者翦之，机者撞之，腴者割之，贰人主者不能藉尺土，长亭邑者不能橐[1]寸金。欲以凝固鸿业，长久一姓，而偾败旋趾。由此言之，詹詹[2]凿陋，未尝回轸神区而援立灵族，岂不左[3]与！

[注释]

1 橐（tuó）：口袋。

2 詹詹：言辞烦琐、喋喋不休的样子。

3 左：错，不对头。

[译文]

到了孤立的秦朝，国君治理天下的法度沦丧堕落，天下动乱不安，而只想把统治天下的权力掌握在自己手中，左顾右盼，时而猜忌，唯恐强大有力的敌人在旦夕之间崛起，仿效自己，抢夺君位。因此，君王对有势力的人剪灭他的羽翼，有机谋的人打击他的智谋，有能力的人削弱他的实力，大臣不能拥有一点土地，亭长（秦汉时掌管十里地治安诉讼的下级官员）、邑宰（县令）等官员不能私藏一点财富。秦王想用这种方法巩固自己统一天下的大业，万世保持嬴姓的独尊地位，但是失败却随即到来。由此而言，见识浅薄，不分封诸侯，建立藩国以拱卫中原、辅助华夏，岂不是错误的吗？

汉承其敝，古型秦轨，白黑兼半，而强干植条为数百年之计者，亦自创异意，冥合十九。侯王封君，兼城占籍，铸兵支粟，不为禁戒。故长沙可以支三粤之侵叛，而燕旦[1]受封制册之中，所以防遏獯鬻氏[2]者三致意焉。景、武[3]以还，推恩[4]少力，酎金[5]夺侯。

[注释]

1 燕旦：西汉燕王刘旦，汉武帝刘彻第三子。公元前117年被封为燕王，都邑蓟。

2 獯鬻（xūn yù）氏：我国古代北方的少数民族。夏商时称獯鬻，周时称猃狁，秦汉称匈奴。

3 景武：汉景帝和汉武帝。汉景帝，姓刘，名启，西汉第六位皇帝。汉武帝，姓刘，名彻，西汉第七位皇帝。

4 推恩：推恩令，汉武帝为了巩固中央集权而颁布的一项重要政令，把诸侯王的封地分给没有继承权的诸侯王子弟，明施恩惠，暗削实力。

5 酎金：汉代诸侯献给朝廷供祭祀之用的贡金。

[译文]

汉朝有鉴于秦朝的弊端，兼用古制与秦法，是非、善恶兼半，为百年大计建立强干弱枝的藩国，虽然有独创的意义，却大都暗合古制。受封的诸侯王兼并城市，占有大量户籍人口，他们铸造兵器，储备粮草，不受中央的管理和约束。因此，长沙王可以对付三粤地区夷族的侵扰反叛，而燕王旦受封的诏令中，对防备遏制獯鬻氏之事再三叮咛。汉景帝、武帝以后，用推恩法削减诸侯王的实力，借口酎金不纯，免去大量侯爵。

虽辀辅弱助，而命大将，遣单使，得以意行消息，权制士马[1]。而且金虎、铜竹，虽握禁闼[2]，军民部署，尤隆刺、守。故元、成[3]运替，安、顺[4]爽凌，然而楼兰、郅支[5]，绝亢[6]悬首；乌桓、羌部，蹶驾伏尸。虽莽僭西都，丕夺许鼎，而南阳、益部连衍而接坠绪者，犹此枌榆之苗裔也。

[注释]

1 士马：兵马。引申指军队。

2 禁闼：宫廷，朝廷。

3 元、成：汉元帝和汉成帝。汉元帝，刘奭，开汉代宦官干政之先河。汉成帝，刘骜（áo），西汉第十二位皇帝，治国无能，怠忽朝政，在位期间外戚势力急剧膨胀，为王莽篡汉埋下了伏笔。

4 安、顺：汉安帝和汉顺帝。汉安帝，刘祜，东汉第六位皇帝，在位期间不修德行，大肆戮辱贤臣，是东汉由盛转衰的开始。汉顺帝，刘保，东汉第八位皇帝，在位期间勤理国政，纪纲四方，使东汉呈现出中兴局面。

5 郅（zhì）支：匈奴呼韩邪单于之兄，名呼屠吾斯。汉宣帝五凤元年，独立为郅支骨都单于。元帝初叛汉。建昭三年，为西域副校尉陈汤攻杀，斩郅支首及名王以下千余级。

［译文］

虽然诸侯辅佐中央的力量削弱了，但是，任命大将出征，派遣使者，却可以随意增减，控制军队。而且调兵的虎符、铜竹虽然掌握在皇帝手中，但是却特别看重刺史、太守对军民的部署。所以，元帝、成帝在位时国运交替，安帝、顺帝在位时国势日弱，但远能斩下楼兰、郅支国王的首级，悬挂示众；击败乌桓、羌部，车架翻倒，尸横遍野。即使是王莽在长安篡汉称帝，曹丕在许都篡夺东汉政权，但是，继承两汉正统的仍然是南阳的刘秀和益州郡的刘备，他们都是刘氏的子孙。

晋氏失计，延非族以召祸乱，中国隤隤，非无自致，而州牧分土，长其君，子其民，措施不拔，琅琊[1]以延。向使泮散消弱，守牧无资，十六国之戎马精悍，

非江东之所能敌也。六代[2]文羸，漫不足纪，遗法余力，仅支江介[3]者二百七十年。使彼孱主孤邦，日斤斤焉以孤寡陵迟，倒柄藩牧为虑，曾不足以建十年，而石、苻、拓拔[4]已褰裳[5]而绝安流矣。

［注释］

1 琅琊：即琅邪，西晋琅邪王司马睿，西晋灭亡后，在建康称帝改元，建立东晋，延续司马氏帝位。

2 六代：东吴、东晋、宋、齐、梁、陈六朝。

3 江介：江东，长江以东之地。

4 石、苻、拓拔：石，石勒，十六国时后赵的创立者，在位七年。苻，苻坚，十六国前秦创立者，在位三十三年。拓拔，即拓跋，拓跋焘，北魏太武帝，庙号世祖，在位二十八年。

5 褰（qiān）裳：帝王让位。

［译文］

西晋司马氏谋划错误，让羌胡居于塞内，以致招来祸乱，中国颓堕，并非没有自身的原因。各地州牧分土而治，以君王作为自己的尊长，以百姓作为自己的子民，政令措施不可动摇，因此，琅邪王司马睿仍然能延续司马氏的地位。如果晋朝本身实力消散疲弱，各地州牧没有可以依靠的力量，那么五胡十六国的精兵悍马，绝不是东晋可以抵挡得住的。六朝羸弱，全不值得记载，凭借遗留的法令和残存的国力，仅能支撑六朝政权在江东残喘二百七十年。如果六朝懦弱的君主时刻担忧自己大权旁落，被权臣孤立，那么用不了十年，石勒、苻坚、拓跋焘等异族早就横渡长江，让六朝君主让位了。

是故天下之势，有合者，有分者，有张者，有翕者，有纵而随者，强彼而固此者。故曰“大制不割[1]”，乐天下之成而成之，选天下之利而利之。今夫柔鸷击[2]，辑纵横，驱合于农则实去。要愿朴[3]，建脆弱，驱合于兵则名存。名存实去，则自忘其弱而丧其畛。方且割万有，专己私，侈身臂，矜总持，不纵以权，不强其辅，则所以善役天下而救其祸者，荡然无所利赖。此仁者之悲膺疾颇，而俗儒之利以为名也。

[注释]

1 大制不割：最完美的治理是不去伤害万物的本性。《道德经》：“朴散则为器，圣人用之，则为官长。故大制不割。”

2 鸷击：鹰鹞之类猛禽的代称。

3 愿朴：朴实敦厚。

［译文］

因此，天下大势，有统一，也有分裂；有扩张，也有收缩；有放任顺应，也有强彼固此。所以说，大一统不能分割，只能因势利导。天下有乐于成功的趋势就使它成功，天下出现有利的趋势就利用它的大势。如今，天下让强悍的勇士柔弱下来，将纵横八方的人才聚集起来，驱使他们去务农，那么国家的实力就削弱了；扶持老实谨慎的人，帮助软弱的人，让他们去当兵，那么军队就名存实亡了。只有其名，而无其实，则会忘掉自身的软弱，丧失自己的疆界。宰割万物，专营私利，放纵自身，大权在握，不给臣下权利，也不强化地方力量，这样，一些可以用来治理天下、拯救灾难的措施，也已荡然无存了。这是仁人所以痛心，而俗儒用以欺世盗名的事啊！

唐无三代牧伯帅长之援，无深仁大计，建民、固本、清族类、拒外侮之谋。窃尸寓农之遗号，强合兵农，分制府兵[1]，征发宿戎，壹听于京师。此其法，足以数世速亡，而迄于天宝祸发始尅[2]者，岂府兵之败轨特迟哉！

［注释］

1 府兵：中国古代兵制之一，起于西魏而盛于唐，最重要的特点是兵农合一，平时为耕种土地的农民，农隙训练，战时从军打仗。

2 尅（kè）：同“克”，表示能够实现某种动作行为，相当于“能”。

［译文］

唐朝没有夏、商、周三代的方伯、连帅对中央政府的支援，也没有仁爱百姓的国家大计和组织百姓、巩固国家根本、清除异族、抵御外辱的谋略。他们窃取了寓兵于农的旧制，强制推行兵农合一，设立府兵制，出征作战和守卫京城，只听命于中央。这种制度存在弊端，足以使国家经历几代就会灭亡，可是，直到天宝年间安史之乱时，祸乱才爆发，难道是因为府兵制败亡的时间来得特别晚吗？

溯其仅存，寻其利赖，自西州沿北庭迄辽左，置督护、都督者，不随腹里，得专措置。故一时大勋名将若李勣[1]、薛仁贵、王忠嗣、郭元振之流，进止刑赏，不受中覆[2]。选士马，审机宜，滂沛榷酤，奴隶偏裨，下至干没[3]，犹无所问。

［注释］

1 李勣（jì）：与下文薛仁贵、王忠嗣、郭元振，都为唐代名将。

2 中覆：朝廷的批复。

3 干没：投机图利。

［译文］

追溯府兵制残存的轨迹，寻找其历史的依靠，大概其衰败自藩镇之祸起。原来从西州沿着北庭一直到辽东，都设置了都护、都督，采用与内地不同的政策，可以根据边地的情况，自行采取相应的措施。因此，当时一些功臣将领，如李勣、薛仁贵、王忠嗣、郭元振等，专擅赏罚，不向朝廷请示。精选兵马，审察用兵时机，大量搜刮民脂民膏，视部下犹如奴隶，直至投机图利，朝廷也不加追问。

极重不返，而节度逆行，干天历以成五季[1]者，事势澜流洄漩，激而反倒其归也。然且更迭闰位[2]，图箓弈改，石晋[3]北倾，恃怙[4]蠢丑，而并阳不拔，胡马北首，数阅而仍归中国，内强之效亦可睹焉。

［注释］

1 五季：唐宋之间的后梁、后唐、后晋、后汉、后周五朝。

2 闰位：非正统的帝位。

3 石晋：936 年，石敬瑭受契丹册封为帝，建立后晋。

4 恃怙：《诗・小雅・蓼莪》：“无父何怙，无母何恃。”后以“恃怙”为母亲、父亲的代称。

[译文]

这种局面发展下去，节度使便不再听从皇帝的诏令。他们倒行逆施，割据称霸，导致五代的形成，这是事情发展的必然趋势，如同回旋的水流，受阻后腾涌飞溅，反而倒流起来。然而闰位交替，图箓屡改，石敬瑭建立后晋，向北方契丹献媚，自称“儿皇帝”，妄图依靠契丹丑类称霸中原。但是，并州的晋阳却久攻不克，契丹多次失利，最终仍归中国统属，其内部强大的凝聚力由此可以观之。

宋以藩臣暴兴鼎祚，意表所授，不寐而惊。赵普[1]斗筲[2]菲姿，负乘铉器，贡谋苟且，肘枕生猜。于是假杯酒以固欢，托孔云而媚下，削节镇，领宿卫，改易藩武，建置文弱，收总禁军，衰老填籍，孤立于强虏之侧，亭亭然无十世之谋。

[注释]

1 赵普：北宋名臣，辅佐赵匡胤建立宋朝，官枢密使，同中书门下平章事。

2 斗筲（shāo）：喻人的才识短浅，气量狭窄。

[译文]

北宋凭借向辽称臣，国运陡然兴起，由于所得在意料之外，君王常常惊恐难眠。赵普才识短浅，气量狭窄，窃居相位，只图眼前，得过且过，猜疑大臣。于是，他怂恿赵匡胤借杯酒解除开国功臣的兵权，说是为了巩固君臣之间的和睦；借孔子的言论讨好下属；削弱藩镇的权力，在中央建立禁军，改变节度使设置，建立文弱的文官制度；由皇帝总领禁军，老弱充斥兵营，孤立在强敌身边，没有使帝位十世相传的高瞻远谋。

纵佚[1]文吏，拘法牵执，一传而弱，再传而靡。赵保吉[2]之去来，刘六符[3]之恫喝，玩在廷于偶线之中而莫之或省。城下受盟，金绘岁盆，偷息视肉，崇以将阶，推毂建牙[4]，遗风澌灭。

[注释]

1 纵佚：恣纵放荡。

2 赵保吉：即李继迁，本姓拓跋，西夏政权的奠基者，宋朝赐名赵保吉。

3 刘六符：辽人，庆历年间，出使宋廷，趁宋廷忙于对西夏用兵，要挟宋割让关南之地。

4 建牙：古谓出师前树立军旗，引申指武臣出镇。

[译文]

宋代浓纵文官，执法烦琐严格，结果是一代比一代衰弱，再传一代就要倒下。赵保吉忽降忽叛，刘六符恐吓宋廷，他们把宋廷玩于股掌之中，就像戏弄木偶，却没有人洞察反省。宋真宗在澶州城下，与辽国订立盟约，年年输送给辽国金银、绢帛。宋廷苟且偷安，处在卑贱之位，也不深谋远虑，推尊大将、建军强国的遗风丧失无余。

狄青[1]以枢副之任，稍自掀举，苟异一切，而密席未温，嫌疑指斥，是以英流屏足，巨室寒心。降及南渡[2]，犹祖前谋，蕲[3]、循[4]仅存于货酒，岳氏遽陨于风波，挠栋触藩[5]，莫斯为甚！

[注释]

1 狄青：北宋名将，初为卫士，后因骁勇善战，升枢密副使。

2 南渡：靖康之变后，北宋灭亡，宋室南迁，赵构在应天府称帝，建立南宋。

3 蕲：蕲王韩世忠，南宋名将，屡立破金奇功，孝宗时追封蕲王，与岳飞、张俊、刘光世合称“中兴四将”。

4 循：循王张俊，南宋“中兴四将”之一，数建抗金大功，死后追封循王。

5 触藩：比喻碰壁，进退两难。

［译文］

狄青担任枢密副使的重要职位，稍微有些作为，临时采取了新的政策，但位子未热，就被怀疑斥责。因此，天下英雄，个个驻足；世家大族，人人寒心，不敢再有所作为了。等到南渡以后，宋室仍然奉行对武将猜疑打压的政策，蕲王韩世忠、循王张俊仅能沉浸于财货美酒之中，岳飞骤然被害于风波亭，自古以来自折栋梁、自毁藩篱，没有比宋廷更严重的了。

夫无为与者，伤之致也；交自疑者，殊俗之所乘也。卒使中区趋靡，形势解散，一折而入于女直，再折而入于鞑靼，以三、五、汉、唐之区宇，尽辫发负笠，澌丧残剐，以溃无穷之防，生民以来未有之祸，秦开之而宋成之也。是故秦私天下而力克举，宋私天下而力自诎。祸速者绝其胄，祸长者丧其维，非独自丧也，抑丧天地分建之极。呜呼！岂不哀哉！

［译文］

无人效力，是宋朝最致命的；自相猜疑，给风俗不同的外族以可乘之机。终于使华夏中原衰败，大势分散，先是被女真吞并，然后被鞑靼攻灭。华夏拥有三皇、五帝、大汉、盛唐建立的天下，却沦落到被蓄长辫、戴斗笠的异族统治，政权沦丧，百姓罹难，华夏堤防全部崩溃。百姓经受了从未有过的灾难，这是秦朝首开恶例，直到宋朝才加以完成啊！因此，秦朝把天下当作一姓的私人财产，有力量控制它；宋朝也把天下当作赵氏的私人财产，却无力控制它。灾难来得快则灭亡其子孙，灾难来得慢则丧失立国的纲纪，这不仅丧失了自身，也丧失了天地分区建国的最高原则。唉！这难道不让人感到痛心吗！

夫石守信、高怀德[1]之流，非有韩、彭[2]倔强之质也，分节旄，拥镇牙，非有齐秦百二剖土君民之厚实也，谈笑尊豆，兵符立释，非有田承嗣、王武俊、李纳[3]之跋扈而不可革也。使宋能优全故将，别建英贤，颠倒奔奏，星罗牙错，充实内地，树结边隅，一方溃茂，声援谷响，虽逮陵迟，取资百足。亦何至延息海滨，乞灵潮水，皋亭[4]纳玺，硐岛沈渊[5]，终使奇渥[6]吞舟，乾坤霾塞，滨百年而需远复哉！惟其涂蔽万民，偷锢大器，瓦缶之量，得盈为欢；婴儿护饵，偃鼠贪河，愚夫之惑，智者哂焉。

[注释]

1 石守信、高怀德：二人皆为北宋开国名将。

2 韩、彭：韩信和彭越，与英布被称为“汉初三大名将”，辅佐刘邦建立西汉。

3 田承嗣、王武俊、李纳：三人皆为唐朝中期军阀，割据一方，不听朝令。

4 皋亭：皋亭山，在今浙江省杭州市北郊。南宋末年，元将伯颜驻军于此，兵临杭州城下。南宋恭帝去帝位，遣使向元军投降。

5 硐岛沈渊：1279年，南宋与元朝在崖山展开决战，宋朝战败，左丞相陆秀夫背着南宋末代皇帝赵昺跳海而亡。硐（jiàn）：古同“涧”，山间的水沟。沈（chén）：同“沉”。

6 奇渥：奇渥温氏，乞颜的另一种译法，元太祖成吉思汗一族的蒙古人的姓。

[译文]

石守信、高怀德这样的人，事实上并没有韩信、彭越那种强硬直傲的秉性；他们拥有的土地，统率的军民，也不及战国齐秦的实力。他们在谈笑饮酒之际，被迫立即交出兵权，也并没有田承嗣、王武俊、李纳等人的骄横跋扈、不可改变的顾虑。如果宋朝可以优待这些开国功臣，同时提拔一批德才兼备的新秀，让他们奔走传喻，分布各地，星罗棋布，犬牙交错，充实内陆，联结边地，一方出现危难，各方支援。这样，即使王朝衰败，仍可像百足之虫，死而不僵。何至于逃至海滨，苟延残喘，向海潮乞求保佑呢？在皋亭山赵㬎向元军投降；㟃州海中，陆秀夫背着小皇帝赵昺投水自杀。最终让奇渥温氏占据中原，整个天下陷入黑暗之中，达百年之久！他们采用愚民之策，私有天下，只有瓦缶那样的狭小器量，装满了就自我陶醉；又如同婴儿极力护食，只需灌满肚子即可饱足的堰鼠一样。傻瓜的愚昧，实在让聪明人感到可笑。

《易》曰："其亡其亡，系于苞桑。"苟有系也，足以固矣，而必于苞桑焉，秦、宋之系于苕枝而不知其根之拔也。故曰"前事之失，后事之师"，其来兹之谓与！

[译文]

《周易·否卦》说："时刻想着危亡，要把命运系在根基稳固的桑树上。"如果有所寄托，国家就可以稳固了，但是，这种寄托，必须选择在根基稳固的桑树上。秦朝、宋朝只把国运系在芦苇上，却不知其根已被拔出。所以说："前事的失败，就是后事的鉴戒。"这就是为将来的人说的吧！

宰制第三

圣人坚揽定趾以救天地之祸，非大反孤秦，陋宋之为不得延，固以天下为神器，毋凝滞而尽私之。故《易》曰：『圣人之大宝曰位，何以守位曰人，何以聚人曰财。』

今欲取天下而宰制之，有圣人，反三维，起在位，度不十数传，复有□□□□[1]之等夷狄焉，思裂维而盗神器，如□所为，彼固狃以为故常，无足难也。而天下亦恬不知所怪，天地之气相干凌矣，亦或羸槁不能为人救。

[注释]

1 □□□□：原书中许多作□□的缺字，大概系“华夏”“夷狄”类的字，刻本为了避清廷的忌讳，不敢刻出。现在除《黄书·原极篇》根据《船山学报》中《黄书宣义》加以填补外，其余难以从文意推出，不敢填改。

[译文]

现在要想取得天下而统治天下，必须有贤明的君主，使天、地、人三维各居其位，起用贤臣居官任职。但即使这样，大概传不了十几代君王，又会有□□□□等夷族，狡猾地想毁掉三维，窃取整个天下，如□所做的，他们本来就习以为常，无足责难。但是天下人却安然处之，不觉得奇怪，于是天地正气受到干扰，甚至有时会枯竭衰亡，人力也无法挽救。

圣人坚揽定趾以救天地之祸，非大反孤秦、陋宋之为不得延，固以天下为神器，毋凝滞而尽私之。故《易》曰："圣人之大宝曰位，何以守位？曰人，何以聚人？曰财"，非与于贞观之道者，亦安足以穷其辞哉！天地之产，聪明材勇，物力丰犀，势足资中区而给其卫。圣人官府之，公天下而私存，因天下用而用天下。故曰"天无私覆，地无私载，王者无私以一人治天下"，此之谓也。

［译文］

圣明的君王以坚定的立场拯救天地之难，如果不反对孤立的秦朝和鄙陋的宋朝的陈规陋习，文化的慧命无法延续。要把帝王之位看作是神物一般，而不要把它凝滞起来当作一家一姓的私有之物。所以《周易·系辞》说："帝王最珍视的东西是王位，如何守住王位？用仁爱之心治国。如何聚集众人？创造财货。"不能理解天地正大道理的人，是无法立足存身的。天地的化育生产、人才智勇、物力富饶，足以资助华夏的生存而提供足够的防御力量。圣明的君王设立官府治理，以天下为公而私利自在其中，凭借天下的力量而大用天下。所以说："上天无私地覆盖万物，大地无私地承载外物，圣人不以一己之私统治天下。"就是这个道理啊！

今欲宰制之，莫若分兵民而专其治，散列藩辅而制其用。今之自县以上，三进而及布政使司[1]，凡以治民者，自秦而下不能易也。县隶府，府隶司，司受命于天子，足以呼响，无关格之疢矣。府治其属，既不能专，其有事，旁挠于同、判、推官，而巡守兵备安坐其上以扼郡邑之呼吸，则分司之建可革也。

[注释]

1 布政使司：承宣布政使司，明清两朝的地方行政机关。

[译文]

如今想统治天下，不如把士兵和百姓分开，专一管理，同时安排藩王辅臣的封域，并予以妥善的节制。现在从县一级向上，进三级就到了布政使司，这种用郡县制治理百姓的制度，从秦朝开始就没有改变。县隶属于府，府隶属于司，司直接听命于皇帝，这种制度完全可以上呼下应，没有不协调的毛病。一府的主管官员，管理他的下属，却不能私自决定，遇到大事，会受到同知、判官、推官的挟制，而巡抚、总督处于一省的上位，独揽了府的大权，因此，分司的建置，应当革除。

山东府六而分司者十六，山西府五而分司者十三，陕西府八而分司者二十四，四川府九而分司者十七，或倍之，或参倍之。其佐倅遇府设焉，或稍浮于府，未有一道而兼制数府者也。所以束湿[1]缠系于知府者，可谓急矣。而一郡数邑，不得以制其短长之命，旦夕不测，其民视牧长，如逸兔之于惊麚[2]也。况其为天子守疆圉[3]，取必而与城共命乎！

［注释］

1 束湿：捆扎湿物。形容旧时官吏驭下苛酷急切。

2 麚（jiā）：公鹿。

3 疆圉（yǔ）：边境，边防。

［译文］

山东六个府，但分司却有十六个；山西五个府，而分司却有十三个；陕西八个府，而分司却有二十四个；四川九个府，而分司却有十七个，有的是一府的一倍，有的竟是一府的三倍。分司过府则设，有的设的比府还多，没有一个道（古代行政区划）可以兼管几个府的政事。因此，多方制约知府的做法，可以说太紧了。而一府下属的几个县，太守却不能充分加以控制，早晚遇到意外变故，百姓看待太守，如同逃命的兔子对待受惊的牡鹿，根本不会受其约束，还哪儿能指望他们为天子防守疆土，与城池共存亡呢？

魏尚[1]之于云中，李广[2]之于陇西，以一郡捍匈奴之名王者，事权重而战守专也。故革分司，重府权，尽治其郡，设推官以赞其吏治，立武监以简其兵赋，兵赋所讲，受成于府，有所征发，府受台计而遣之。刑名、钱馕、驲置、屯田、水利，奏最于两司足矣。夫挠郡权而临其上者，不过治府绪之余，而形隔势碍，推委以积其坏，是庞睫儋[3]耳，无益于视听而益损其官也。

[注释]

1 魏尚：西汉将领，汉文帝时为云中太守。他镇守边陲，防御匈奴，作战有功，匈奴不敢入其郡。

2 李广：西汉名将，汉武帝时任右北平郡太守，匈奴畏服，称之为“飞将军”，数年不敢来犯。

3 儋：同“担”，负荷。

[译文]

魏尚治理云中郡，李广驻守陇西，都能以一郡之地，抵御匈奴进攻，是因为他们被委以重任，手握或战或守的专责与决断权。因此，革除分司制度，加强知府权力，使知府有权利完全治理一郡，设立推官辅佐太守管理官吏，设立武监挑选军政和赋役。军政和赋役，由府统筹。遇有征发，府按照布政使司的命令排遣。法令、钱饷、驿站、屯田、水利诸事，向布政使、都指挥使上报即可。牵制知府权力，位于知府之上的官员，本应是太守的补充，由于形势隔绝，却造成了相互推诿、政事积累败坏。这就像厚睫毛、大耳朵，对视觉、听觉没有帮助，反而有损耳目功能。

自郡上之，为民之治者受于司，为兵之治者请仍巡抚使之任，而去其京衔，定其镇地，制其厄塞[1]，重其威令，佥其劲锐，闲其文武，假其利资。七者具修以置藩辅，各战其境，互战其边，行之百年，以意消息，中国可反汉，唐之疆，而绝孤秦、陋宋之丰祸也。

[注释]

1 厄塞：窘迫艰难，时运不济。

[译文]

从府一级以上，管理政务受布政使司领导，管理军务仍为巡抚之责，但要免去巡抚的京官之衔，确定他们的镇守之地，修建驻守要塞，强化他们的威信，挑选劲锐士卒，配置文官武将，资助财物。上述七条具备了，才让他们作为国家的屏障，各自在辖地中作战，邻境相互支援，如此执行百年，再加调整，中国便可回归汉、唐疆界，而根除孤秦、陋宋之大祸。

中区之地，四战用文，河山用武，沙衍[1]耐骑，箐峒[2]耐步，江海耐舟，麦食耐勇，稻食耐智，杂食耐劳，广土坟争，崟崎[3]壁守，卤国给鹾[4]，泽国给积，涝乡给鱼，赭山[5]给铸，林皋给荈[6]，边徼互马，殷道课关；其它连锡、丝枲[7]、筋鳔、皮革、蒲条、硝黄、翎毛、杉柟[8]、冈桐、栟榈、漆林、苎絮之所产者，可相输而各奏其利。大司农不登之书，非中监渔采，则豪猾[9]墨吏兼并闾右之所攘也，一切取足，其瘠疲不耐给者，百之四五。故曰利资可假，劲锐可佥，厄塞可制也。

[注释]

1 沙衍：沙漠。

2 箐峒（qìng dòng）：竹林中的山洞。

3 崟崎：高峻奇特。亦指高峻奇特的山石。

4 鹾（cuó）：盐，有咸味的。

5 赭山：伐尽树木后光秃的山岭。

6 荈（chuǎn）：茶的老叶，即粗茶。

7 丝枲（xǐ）：生丝和麻。

8 柟（nán）：同"楠"，楠木。

9 豪猾：强横狡猾而不守法纪的人。

[译文]

中国的地域，四战之地用文，山河之塞用武，沙漠用骑兵，竹树茂密的蛮区用步兵，江海用船舰；食麦者勇敢，食稻者聪慧，食杂粮者耐劳；宽阔之土争高地，山区守险；盐碱之地供食盐，水泽之地供米粮，水乡供鱼，赭山供应铸造，山林供给茶叶，边地互卖马匹，运输通道设关收税。其他物产，如连锡、丝枲、筋鳔（鳔、鱼胶）皮革、蒲条、硝黄、翎毛、杉楠、罔桐、栟榈、漆林、苎絮等产地，都应互通有无而各尽其利。大司农（中央政府掌管租税钱谷事宜的机关）没有登记在征收的簿书之上，又不是宫中使者采集的物产，都被恶霸、贪官、豪富所夺，应当把这一切统统征收起来。其中贫瘠穷困不能供应物产之地，也不过占全国的百分之四、五。所以说财物可以资助，劲锐之卒可以挑选，要塞可以修建。

请置河北、山东为一使，江北、济南为一使，河南、荆北为一使，燕南、河东为一使，关陕、秦、陇为一使，荆南、江右为一使，江南、福、浙为一使，巴西[1]、泸南为一使，南赣、岭海为一使，岭西、桂、象为一使，滇、黔、洱海为一使。此十一区者，用武地六，用文地四，兼错犬牙率得险者，或十六七，或十三四。因舒蜿，随原隰[2]，各固其圉，取材其产，搜其军实以听边关之不时。

[注释]

1 巴西：今四川阆中、武胜以东，广安、渠县以北，万源、开江以西地区。

2 原隰（xí）：广平与低湿之地。

[译文]

应在河北、山东设一专使，江北、济南设一专使，河南、荆北设一专使，燕南、河东设一专使，关陕、秦、陇设一专使，荆南、江右设一专使，江南、福、浙设一专使，巴西、泸南设一专使，南赣、岭海设一专使，岭西、桂、象专设一使，滇、黔、洱海设一专使。这十一个区域，用武之地有六个，用文之地有四个，当地的犬牙交错、地势险要之地，有的区域占十分之六、七，有的区域占十分之三、四。按照地势的舒缓、曲折、高旷、低湿，各自固守边界，就地取材，搜集军用品，以待边关不时之需。

畿辅为一使，左辅[1]为一使，右辅[2]为一使，大同为一使，延绥[3]为一使，宁夏为一使，河西为一使。此七区者，战地十九，内地十一，大司农因漕委输，转十五司之粟米以灌注之。滑州[4]襟带黄河，右腋太行，左腋钜野，临制河南之膺隔，一要区也，河北、山东行台治之。

［注释］

1 左辅：汉三辅之一左冯翊的别称。因在京兆尹之左（东）得名。后世亦称京东之地为“左辅”。

2 右辅：汉三辅之一右扶风的别称。因在京兆尹之西，故称。

3 延绥：陕西延安至绥德一带。

4 滑州：今河南滑县。

[译文]

又，应在畿辅设一专使，左辅设一专使，右辅设一专使，大同设一专使，延绥设一专使，宁夏设一专使，河西设一专使。这七个区域，作战之地占十分之九，内陆占十分之一，由大司农用漕运输送内陆十五个布政使司的粮食来接济他们。滑州靠近黄河，右边是太行山，左边是钜野，俯临河南省的核心，是一重要地区，河北、山东行台应设在这里。

其地起大名，北有广平[1]、顺德[2]，南有彰德[3]、卫辉、封邱、延津、阳武、原武；东得东昌[4]、济南，东传于海，得益都[5]、临淄、乐安、博兴、寿光、昌乐、临朐、高苑，又东得登、莱[6]，极于海；西得怀庆、潞安[7]、泽、沁[8]，扼太行，窥冀、晋，传于山。

[注释]

1 广平：今河北邯郸市永年区。

2 顺德：今河北邢台市。

3 彰德：今河南安阳市。

4 东昌：今山东聊城市。

5 益都：今山东寿光市。

6 登、莱：登州府和莱州府。分别在今山东烟台市和山东莱州市。

7 潞安：今山西长治市。

8 泽、沁：泽，今山西晋城市。沁，今山西沁水县。

［译文］

它的地界，起自大名，北边有广平、顺德，南边有彰德、卫辉、封邱、延津、阳武、原武；东边有东昌、济南，再向东靠近海，有益都、临淄、乐安、博兴、寿光、昌乐、临朐、高苑，再向东有登、莱，直到海滨；西边有怀庆、潞安、泽、沁，据守太行山，窥视冀州、晋地，依附着太行山。

洛阳据土中，左京、索，右潼关，三涂[1]、岳鄙，神明之区也，河南、荆北行台治之。其地起河南，东北得汝州、开封、许、禹、郑之属邑，穷于荥泽，东南得南、汝，南得襄、郧、承德[2]；西南得兴安、平利、石泉、洵阳、紫阳、白河、汉阴；滨汉、沔，间滍、淯，承楚脊，控关南，东固汝水，放于淮。

［注释］

1 三涂：山名，在今河南嵩县西南。

2 承德：今河北承德市。辨其方位，似船山所记有误。

[译文]

洛阳据中国中部，左边是京、索，右边是潼关、三涂之山脚，是一神圣地域，河南、荆北行台应设在这里。它的地域起自河南，东北有汝州、开封、许、禹、郑等属县，一直到荥泽。东南有南阳、汝阳县，南边有襄阳、郧阳、承德，西南有兴安、平利、石泉、旬阳、紫阳、白河、汉阴；濒临汉水、沔水，隔着滍水、淯水，承接着楚地的脊梁，控制着函谷关以南的地域，东凭汝水，直贯淮河。

徐州凭黄流，睨大江，披带长淮，东枕琅琊，咽鬲南北，一要区也，江北、济南行台治之。其地起徐州，东南得凤阳、淮安，南得庐州、安庆、黄州、滁、和，尽于江，东北得兖州、安邱、诸城、蒙阴、莒州、沂水、日照，北阻大岘[1]；东傅于海。西得归德、太康、陈州、商水、西华、项城、沈邱，穷于汝，颖之交。

[注释]

1 大岘：穆陵关，在今山东临朐县东南。

[译文]

徐州凭靠黄河，斜视大江，披带淮河，东边挨着琅邪，是南北交通的咽喉之地，是一重要地域，江北、济南行台应设在这里。它的地域起自徐州，东南有凤阳、淮安，南边有庐州、安庆、黄州、滁州、和县，直到长江边。东北有兖州、安丘、诸城、蒙阴、莒州、沂水、日照；北边受大岘的阻隔，东边靠海；西边有归德、大康、陈州、商水、西华、项城、沈丘，直到汝河、颍水交汇之处。

太原以故晋之墟，左山右河，北阻忻、代，士马劲疾，险障重沓，一要区也，燕南、河东行台治之。别治晋阳，别嫌藩司，形势无相互格。其地起阳曲、太原、榆次、太谷、祁、徐沟、清源、交城、文水、寿阳、盂、静乐、平定，割雁塞以为大同守；西南得汾州、平阳、辽州；西画河；南不尽太行，以壮泽、潞；东出土门，历常山，得真定，弥互络绎，以承右辅之或羸。

［译文］

太原原来是晋国的都城，左边是太行山，右边是汾河，北边有忻州、代州的阻隔，兵马强劲，险山重叠，是一重要地域，燕南、河东行台应设在这里。本区应在晋阳另设治所，与藩司有别，开势不要相互妨碍。它的地域起自阳曲、太原、榆次、太谷、祁县、徐沟、清源、交城、文水、寿阳、盂县、静乐、平定，割取雁门要塞作为大同防线；西南有汾州、平阳、辽州；西以黄河为界，向南不到太行山，以强化泽州、潞州的力量；向东出土门，经过常山到真定，一路连绵不绝，以承接右辅力量的不足。

咸阳居渭流之北，与长安相望，秦川八百，关河沃衍之区也，关陕、秦陇行台治之。别治渭北，别嫌藩司，形势无相互格。其地起西安，北尽北洛，界梁山；西南得凤翔、汉中、宁羌之属，割兴安畀河南为右腋；西得巩昌，阻阴平，锁蜀汉；北得平凉、华亭、镇原、崇信、泾州、灵台、安化、合水、宁州、真宁、狄道、渭源、庆、洮、平凉诸边之剧邑，割实边藩，为所保守，有秦川供三边之奔命；又西得岷、洮；北阻萧关；西戒河、湟，以司茶马之居儥；又西不尽于生番。

[译文]

咸阳在渭水北岸，和长安隔河相对，秦川八百里，是一关河环绕、土地平坦肥沃的地域，关陕、秦陇行台应设在这里。此外，在渭北应另设立治所，与藩司有别，又不相互妨碍。它的地域起自西安，北到北洛。和梁山交界；西南有凤翔、汉中、宁羌等地，割兴安给河南为右翼；西边有巩昌阻隔着阴平之道，控制着蜀汉；北边有平凉、华亭、镇原、崇信、径州、灵、安化、合水、宁州、真宁、狄道、渭源、庆阳、洮州卫、平凉等地形势险峻的县城，用以充实边地力量，为保疆守土，有秦川的人力、物力供应边地军队；再向西有岷州卫、洮州卫；向北阻于萧关；西边戒备黄河、湟水，以管理茶叶专卖、买马事宜；再向西即是深居山中的生番。

武昌，长江东下，清汉南来，雄挽中流，搏蛮中引，江外一要区也，荆南、江右行台治之。治故鄂城，别嫌藩司，形势无相互格。其地起武昌，逾江得汉阳，阻涢水；南得岳州、长沙、衡阳、安仁、衡山、酃县、耒阳、常宁，讫南条；西南逾洞庭，得荆州、辰、常，泝于沅，有黎平、平溪、清浪，迄于偏镇，中括施、撒、永定、永顺、保靖，兼汉土；西又南，得邵阳、新化，分资水为南塞；东得南昌、瑞州、九江、袁、临、饶、广、南康，包彭蠡，有江右之衍区；诸挟岭为闽、广脊，受无赖者，割以为南赣守。

[译文]

武昌地区，长江向东流去，汉水自南而来，雄居大江中游，控节蛮族，是江南一重要地区，荆南、江右行台应设在这里。此外，应另于鄂城设立治所，与藩司相别，互不相妨。它的地域起自武昌，过江有汉阳，阻涢水；南边有岳州、长沙、衡阳、安仁、衡山、酃县、耒阳、常宁，一直到南条；西南越过洞庭湖，有荆州、辰州、常德，沿着沅水有黎平、平溪、清浪，一直到偏镇，中间包括施秉县、撒吕城、永定、永顺、保靖，兼有汉地；西南方向有邵阳、新化，分资水作为南部边塞；东边有南昌、瑞州、九江、袁州、临江、饶州、广信、南康，包括彭蠡湖，拥有江西大片土地；一些相连的山领成为闽、广二省的高山地带，可以划为江西南部防区。

镇江因京、岘，缘扬子，西接汉、岷，北拒淮、泗，漕守山东，俯拾建业，一要区也，江南、福、浙行台治之。其地起镇江，得苏、松、常州、广德，西上夹辅应天，沿江得宁国、池、太；东有徽州，倚三天子鄣，沿渐江，东有全浙；循海而南，得福、泉、兴化，福宁；渡江北直海门狼山，锁大江，得扬州，尽淮东；磬折江海，索腴赋，休士马，辉戈船，根抵南国，以备倭盗而资山东之奔命。

[译文]

镇江凭靠京岘山，缘着扬子江，西接汉水、岷江，北面直抵淮河、泗水，漕运可守山东，下望建业，也是一重要地区，江南、福建、浙江行台可设这里。它的地域起自镇江，有苏州、松江、常州、广德，沿江西上可以来辅应天府，沿江还有宁国、池州太平；东边有徽州，倚着三天子鄣，沿着浙江，东面拥有整个浙江；顺海向南，有福州、泉州、兴化、福宁；渡江向北可直达海门、狼山，锁闭长江，拥有扬州，尽占淮东，控制长江和沿海，收取充足的赋税，休养兵马，装备战船，扎根南国，防备倭寇，并资助山东的军需。

合州，三江所会，鱼复、僰[1]道、褒骆[2]、武都、严道、夜郎之所奏而会，一要区也，巴西、泸南行台治之。其地全有四川，自威、茂、杂谷、天全、黎、邛、昌，跨大渡，度相岭，右绕东川乌撒、乌蒙界水西，尽辖土夷；南渡乌江，得平越；东北上，得清平、兴隆、思南、石仟、思州、铜仁，穷五塞，南尽于沅。

[注释]

1 僰（bó）：古代称居住在西南地区的某一少数民族。

2 褒骆：褒，今陕西汉中市。骆，骆谷，陕西周至与汉中间的交通要道。

[译文]

合州，三江会集于此，鱼复、僰道、褒骆、武都、严道、夜郎会合之地，也是一重要地区，巴西、泸南行台应设在这里。它的地域拥有整个四川，从威州、茂州、杂谷、天全、黎、邛州、昌州，跨过大渡河，越过相岭，向右绕过东川、乌撒、乌蒙和水西交界，完全控制着当地少数民族；南渡乌江，有平越；东北方向上行，有清平、兴隆、思南、石阡、思州、铜仁，尽于五塞，南到沅水为止。

赣州咳颐梅关，延纡岭塞，注泻海峤，络引大帽、浰头、东乡之条纪，武备所向，楼船步卒之冲，一要区也，南赣、岭海行台治之。其地起赣州、南安，西得郴、桂、临、蓝、嘉禾，尽楚猺地；北得吉安；东北缘山，有建昌、抚州，故盗区薮；下杉关，得延平、邵武、建宁，南迤汀、漳，穷于海；次海滨，得惠、潮、广州，蔓引连阳，与临桂会，而西尽于漓水之交。

［译文］

赣州临近梅关，绵延五岭之塞，直到海边。连接着大帽山、俐头山、东乡山的主脉，为兵家注目的地方，是水军、步兵的要冲，也是一个重要区域，南赣、岭海行台应设在这里。它的地域起自赣州、南安，西边有郴州、桂州、临武、蓝山、嘉禾，直到楚地瑶人聚集的地方；向北有吉安，东北沿山有建昌、抚州，这是过去盗贼出没之地；下了杉关，有延平、邵武、建宁，向南绵亘到汀州、漳州，直到海滨；沿着海滨，有惠州、潮州、广州蔓延到连阳和临桂相会，向西则止于漓水的交界处。

梧州控肘楚峤，垂臂琼海，是漓潭、牂牁洒江之下游，逆邀其所趣，土、汉嗉喉之要区也，岭西、桂、象行台治之。其地起梧州，东得肇庆，穷于漓口；东南得罗定、高州、雷、廉，南极交趾，滨于海，渡海得琼；西泝三江，全有广西；北越秦城，放湘源，得永州、武冈、城步、新宁、靖州，通西延、古泥之径；寻左江西上，得都匀，犬牙楚、黔，界于播夷。

[译文]

梧州控制着楚地的山岭，向南延伸到琼州海滨，这是漓潭、牂牁江的下游，逆截江水的去处，是当地土著和汉人的咽喉要地，岭西、桂、象行台应设在这里。它的地域起自梧州，东有肇庆，直到漓口；东南有罗定、高州、雷州、廉州，向南直到交趾，濒临大海；渡海有琼州；向西溯流三江，拥有整个广西；向北越过秦城，顺着湘水源头，有永州、武冈、城步、新宁、靖州通往东西延、古泥的道路；顺着左江，向西逆流而上，有都匀，和楚地、黔地犬牙交错，交界于播州夷人居住之地。

大理、叶榆所派，金、沧所维，北捍土蕃，南覆

挝、甸、六诏，上游之雄徼，一要区也。滇、黔、洱海行台治之。其地全有云南，并夷部，东迳县度出箐道，得贵州西境；东有贵阳，讫乎新添北缘、陆广，赤水、乌撒而界于泸南；沿平伐、镇宁，顶营募役，凿初道以通乎泗城，而西南穷于交趾。

［译文］

大理，是叶榆的支流，连着金沙江、澜沧江，向北抵御着西南少数民族，向南控制着老挝、缅甸、六沼，这是长江上游的一个雄边，是一重要区域，滇、黔、洱海行台应设在这里。它的地方拥有整个云南和西南夷的各部，向东经过县度，出了竹林遍布的山道，可以到达贵州的西部边境；东边有贵阳，还可到达新增设的北缘、陆广、赤水、乌撒，而和泸州南部交界；沿着于伐、镇宁，招募民工，开凿新路，可达泗城，向西南直到交趾。

于是登其甲乘，制其刑典，宅其赏罚，司其汰补，宽其踪指，要其连系。盗贼踞山谷泛洋汛者，府自部讨之，闻于台。盗名城，躏旁邑，暨小夷之窃发，台部讨之，闻于司马。边徼奔命，巨寇弥延，羽书驰于司马，下檄台使，因其形势，奔走疾呼，以应其邻左；劳逸腴瘠，抟隘劲脆，以视其往来。

[译文]

官府应在此训练甲兵，制定律令，公布赏罚，主管任免，宽其指使，加强联系。如有盗贼占据山谷，府官以本部兵马讨平，向台报告。如果盗贼占据名城，蹂躏附近县邑，以及异族叛乱，台官应以本部兵马征剿，并向司马报告。边疆告急，大兵入侵，应以紧急军书飞报司马，下檄文给台使，根据形势变化，奔走疾呼，响应邻省；并按照部队劳逸，边关强弱，掌握战斗进退。

滑台涉钜鹿，通天津，以纡左辅。徐州沿淮、泗，下盱眙，以固江南，东放琅琊以应登、莱之不逮。河南搜练腹里，开花园、党子，西南缀上庸瓯脱，纡秦、蜀，制山南，北守黄河，犄角畿南而抚其怠。

[译文]

滑台，经过矩鹿通往天津以环卫左辅地区。徐州沿着淮河、泗水，下通盱眙，以巩固江南，并可东进琅邪，以接应登州、莱州力量的不足。河南在内陆操练兵马，开通花园、党子，西南连接上庸边界，萦绕秦地、蜀地，控制山南，往北可防守黄河，与京师以南形成掎角之势，并可补足其不足。

太原居西，补河曲，急则东纡右辅，或出雁塞以应大同。关、陕阻关自保，声势山河，视其旁午，连川河以轸绥宁、河曲之恤。江、湖、赣、岭、巴、蜀、滇、黔，既随以蛮夷、海汛分其所守，就近参援而调置往来。泝大海，沿淮海，以纡[1]山东；入武关，绕松、洮，以纡关外；或驰孔道，下冥厄，骋大梁，绝黄河以卫京畿。

［注释］

1 纡：疑为“纾”之误。

［译文］

太原居西，可援助河曲，遇有急事可向东环卫右辅，也可出雁门要塞以接应大同。关中、陕西之地，受四面关山阻隔，可以自保，凭借山河声势，以其人物繁富，川河相连，可以纾解绥宁、河曲的紧张情势。江南、两湖、江西、岭南、巴蜀、云南、贵州等地，可随蛮夷和海防需要而分其守卫，就近声援而调遣军队，溯大海，沿淮海，以援山东；入武关，过松潘、洮州，以援关外；或驰驱大道，经由冥厄，直奔大梁，渡黄河以卫京师。

因裹粮兵，取给于十五使司，登大司农而受裁于庙议者，皆以流荡营魄而振戴根本也。台之所治，或千余里，或二三千里，际荒陲，容受不轨，卒相摇动，禁制不时。

［译文］

调动自带粮食的士兵，从十五个布政使司获取给养，通过大司农经由朝廷裁决，都是为了拥戴根本的需要。布政使的管辖范围，有的千余里，有的二三千里，直到蛮荒之地，如果容受不法之徒，最终他们会进行煽动，禁制必须及时。

河北则东登、莱，滨海线通海、盖；西泽、潞，太行伏戎。河南则襄阳受沔下游，制郧，西受夔、庸逋逃。江北则安庆以名城阻江、楚。江南则温州总海以须岛夷，芜湖对濡须直江北之冲。荆南则沅州领苗夷，殷黔道。关陕则阶、文制生番，匡川北之不虞。巴西则马湖逼泸水，亢嗦南中，威州孤悬乌术，垂制江外。

［译文］

河北东有登州、莱州，临海通往海州、盖州，西有泽州、潞安，太行山有潜伏的戎人。湖北襄阳地处沔水下游，控制郧阳，并可西受夔州、上庸而来的转进部队。江北安庆是以名城阻断江苏和楚地。江南温州，总领海路，控制海岛夷民。芜湖面对濡须，当江北要卫。荆南有沅州统领苗夷，控制黔道。关陕阶州、文州控制生番，防备川北不测事变。巴西有马湖、逼近泸水，控制南中咽喉。威州孤悬鸟道之上，远制江外。

南赣则潮州承闽而分海汛；岭西则雷州障交夷，县穷发；庆远南扈田、泗，西系那丹，以通都泥。滇黔则贵阳总线道，飞系荒远；楚雄殷六诏之中，右哀牢，左特磨，直下车里，老挝以距南丑。凡各分司以镇之，而受其生死动静之数于台。武监之治，请视兵赋之多寡。弱郡并之，劲郡专之，或赢置之，以登成于知府，而受其生死动静之数于台。故指臂相须，而批导形便也。

[译文]

南赣、潮州承接闽江而与海汛相连。岭西有雷州阻隔交夷，处在不毛之地。庆远南阻田州、泗州城，西连那丹，通往都泥。滇黔有贵阳，总管山路，连接荒远。楚雄处六诏之中，右面是哀牢，左面是特磨，直下车里、老挝以拒南方部族。凡是各分司所镇辖地，要受台使命令指挥。武监管理，要看兵赋多少而定。弱郡当合，强都专管，并向知府报告，而受台使命令指挥。这样，就如同手指和手臂相互配合，运动起来，即很方便。

诸行边领重镇者，地俭于腹里，而刍粟士马，节制旌旄，秩等部从，不亚于中区。或覆增之系其任。或卿尹出牧；或他台使以崇望右陟；或大将超裨校，威信足恃赖，以大将军行使，系其人。

［译文］

那些在边地领重镇的官员，辖地贫于内陆，但粮草兵马、符节旌旗、各级部属，都不亚于中原，或有增加，视其任务而定。这种封疆大吏，有的是以卿相大臣的身份出任，有的是富有声望的台使；有的大将虽出身偏将，而其威信值得信赖。出任的大将要看他们的才力。

昌平屏拥翠微，衡盖辇下，左古北，右居庸，畿辅行台治之。起喜峰，出定州，西至延庆，为其守；北抵滦西清兀良哈之塞。永平东北极徼，环海循山，外邀三坌、白狼之险，东丑之所出入也，左辅行台治之。接喜峰，画滦水，东尽关门，沿海下天津为其守；东北出三卫金源故地，穷兴中、大定，东捣开、铁，靖其庭穴。

［译文］

昌平屏拥翠微山，覆盖京师，左边是古北口，右边是居庸关，畿辅行台应设在这里。这个地区起自喜峰口，出定州，西到延庆，是其防地；北抵滦平西部的兀良哈要塞。永平，东北极边，环海循山，外有三坌、白狼险塞是东部异族出入之地，左辅行台应设在这里。当地连接喜峰口，以滦水为界，东到山海关，沿海而下到天津，是它的防地；东北出三卫金人旧地，直到兴中、大定，东边直捣开原、铁岭，平定其地。

宣府有偏岭、飞狐之胜，繁饶悍鸷[1]，直开平之吭，右辅行台治之。起怀来，阻桑干，西抵广昌为其守；北出兴和，扩亭障[2]，斥地沙漠。

［注释］

1 悍鸷：凶猛暴戾。

2 亭障：古代边塞要地设置的堡垒。

［译文］

宣府有偏岭和飞孤关的关隘，物产富饶，人民勇猛，面对开平咽喉，右辅行台应设在这里。其地起自怀来，直到桑干河，西抵广昌，是其防地；北出兴和，广设堡垒，开拓沙漠。

大同平衍广野，内护句注[1]，散战之区也，大同行台治之。内连广昌，北出天城、阳和，绕黑河而西，尽东胜，遵浊河，下偏关，抵河曲、保德，画大河为其守；渡黑水，击云内，奏集宁斥丰州之塞。葭州外控榆林，左拊西河，保甘泉之外障，延绥行台治之。东起黄甫，际河而西，西抵花马池之右，怀抱环、庆为其守；直北清河，南修受降之遗地。

［注释］

1 句注：山名。在今山西代县北，为古代九塞之一。

［译文］

大同原野平坦，内受句注护卫，是一散战地区，大同行台应设在这里。它的地域内连广昌，北出天城、阳和，绕过黑河向西，到东胜，沿浥河，下偏关，到河曲、保德，以大河口为防地；渡过黑水，可攻击云内口，进军集宁，拔除丰州要塞。葭州向外控制榆林，左靠西河，护卫着甘泉的外部，延绥行台应设在这里。它的地域东起黄甫，沿河向西，到达花马池右方，怀抱环县、庆阳为其防地；向北直达清河，向南可修治受降城遗址。

宁夏左省嵬[1]，右贺兰，赫连[2]兀卒[3]之自雄其都

也，灵武之所由收关、洛也，宁夏行台治之。修杨制使之遗塞，东起花马池，东尽兰州为其守；北逾贺兰，驰燕支之下。甘州绵缀新秦，壤地数千里，孤峙以制西夷之生命，河西行台治之。东起庄浪，西极嘉峪，南绕西宁、归德，渡碛石，抵河州为其守；出酒泉，修瓜、沙之塞，横亙自保，以维西陲；余力蓄士马，奔他边之棘；相附郡邑，守隧所统，往来所奏，则分隶其台。

［注释］

1 省嵬：山名，在今宁夏惠农区东南。

2 赫连：匈奴姓氏之一。匈奴南单于曾娶汉宗室女，其子孙遂以刘为姓。至刘虎，其母为鲜卑人，而北人谓父匈奴母鲜卑者为“铁弗”虎因以“铁弗”为号。至东晋义熙三年（407 年），其后人勃勃僭称大夏天王，耻号“铁弗”，改以赫连为氏，取“徽赫与天连”之意。

3 兀卒：党项语音译。西夏国主的自称。

［译文］

宁夏左边有省嵬山，右边有贺兰山，是赫连兀卒称雄的旧部，也是灵武能收取关中、洛阳的根据，宁夏行台应设在这里。修整杨制使当年的要塞，东起花马池，最东到兰州是其防地；向北越过贺兰山，直到燕支山下。甘州连接新秦，土地数千里，一城独峙控制着西部异族的生命，河西行台应设在这里。它东起庄浪，西到嘉峪关，向南绕过西宁、归德，渡过碛石，直到河州都是它的防地；出酒泉，修整瓜州、沙州边塞，横向自保，以维持西部边陲；有余力可蓄养兵马，投入其他边邑以解决急难；其相附郡县，则分属各自台府。

畿辅得保安、延庆、顺天，效上供之余。左辅得永平、河间、天津。右辅得保定、万全。大同得大同、忻、代、岢岚、保德之属。延绥得延安、环县。宁夏得六卫、中卫、靖虏、固原、静宁、庄浪、隆德、兰州、金县。河西得甘、凉，肃、庄浪、西宁、镇番、永昌、河州。以资其刍牧、工匠、孳养，鼓铸之用，丁男挽运，城堡筑浚之役，征调游弈，视中区为费。司农宽赋役以休息之，疲者不赋于大官。藩司登计其入，移台用者十可三四给也；不足，仰于腹里。

[译文]

畿辅有保安、延庆、顺天可献出拱卫京师的余力。左辅有永平河间、天津。右辅有保定万全。大同有大同、忻、代、岢岚、保德等地。延绥有延安、环县。宁夏有六卫、中卫、靖虏、固原、静宁、隆德、兰州金县。河西有甘川、凉州、肃州、庄浪、西宁、镇番、永昌、河州、以资助其牧、工匠、给养、铸造之用。民夫的运输、筑城修堡、疏浚河道、征调巡逻、花费较中原要高。司农应当放宽此地的赋税徭役，使他们得到休养生息，极度疲劳之地，也可不向国家贡赋。藩司登记这些地区的收入，只按藩司每年总支出的十分之三四征调上交，不足之处，仰仗中原供给。

行漕开中，不尽于京师，便归其塞。胶、莱漕关东、汴渠、屯氏。沽、潞漕畿，分漕万全。桑干漕大同。淇、沁漕太行，浮于河。河漕延绥，浮渭抵陕，济宁夏。河西不足漕者，牛车橐驴之所任也。渠河流，润苦壤，修屯积粟，大农济其畚臿，稍给牛具金铁之资焉。凡军伍之佥，中区之厚土，烈风、山箐、水国之任为兵者，可数也。边徼先其土著，阅其子弟，蕃其牧养，不足，请命逾台以调益之。

[译文]

漕运和开中的粮食，京师用不完的，便可送往边塞。胶州和莱州负责关东、汴渠、屯氏河的漕运。沽河、潞河负责京畿地区的漕运，分出一部送往万全。桑干河负责大同漕运。淇水、沁水漕运太行山，行于黄河。黄河漕运延绥、行于渭水到达陕西，接济宁夏。河西地区，粮食不能漕运，要靠牛车、驼驴运输。修整河道，灌溉土地，筑仓储粮，大司农要提供畚锸，并一些牛具、金铁等物品。凡军队士兵，中原的厚土、烈风、山箐、水国之人能当兵者，数量很少。边地先向土著百姓征兵，检阅他们的子弟，蓄息收养，不足者，请国家跨省调剂。

中区各佥其治毋逾，十八而传，六十而老，废疾而给，及身而放，不传子弟；予弟以丱角[1]从军，验其娴熟精僄者傅之。榆关而西，极乎大同，其民小悍。延绥、灵、朔、环、庆之区，其民大悍。庄浪度河，甘、凉，洮，岷之间，其民小悍。皆家丁子弟之闻于天下者也。泽、潞、太行、河北、山东之弓马。登、莱海舟，死走盐利。

[注释]

1 丱角：头发束成两角形，旧时多为儿童或少年人的发式。指童年或少年时期。

[译文]

中原地区对于士卒的调治不要逾限，十八岁入伍，六十岁退役，残疾、得病免其赋役。子弟青年从军，经过检验，武艺娴熟、矫捷勇猛者，派人训导。榆关向西，直到大同，百姓比较勇猛。延绥、灵州、朔州、环卫、庆州地区，百姓十分勇猛。从庄浪越过河州、甘州、凉州、洮州、岷州之间，百姓较勇猛，都以家丁子弟的强悍闻名天下。泽州、潞州、太行、河北、山东则长于弓马。登州、莱州的海船，冒着砍头的风险贩运私盐谋利。

南阳毛葫卢之桑弓、毒矢。郧阳杂五方，依老山，沿汉而上，南通庸、蜀流民之苗孽。庐、凤习江北，轻生乐祸，舒、皖、六安茶山射猎之徒，劲弩药镞，洞中沸糜。木陵、黄土、新市之脊，共争之区，依砦步斗者，以寡击众。太原、汾、辽、易、定之间，赵、代也，民小悍。京口慓锐，沿江海者浙为下，义乌之步卒，青溪之亡命，其族故存。徽之行贾，便习剑击，宣、泾喜弩猎，在江表为强。福广濒海习舟，依山习步，猿接猱跳，飞瓦攫樯。赣、抚、汀、建依山者嗜利喜死，抚、建为下。辰、沅而西，起永定箪子，放乎云、贵、宋、蔡、犵猡，西南之尤悍者也。

[译文]

南阳的毛葫卢兵以桑弓、毒箭闻名。郧阳人口繁杂，依大山，沿汉水上行，南通上庸、蜀郡流民的后代。庐州、凤阳的民风仿效江北，轻生乐祸。舒州、皖城、六安茶山猎手，善用强弓药箭，人体中箭，则穿孔糜烂。木陵关、黄土关、新市一带的山脊，是兵家必争之地，依托山寨步战者，能以寡击众。太原、汾州、辽西、易县、定襄之间，是古代赵国、代国旧地，百姓比较勇猛。京口军士剽悍凶猛，沿着江海的以浙江为弱，义乌的步兵，青溪的亡命之徒，后代尚存。徽州的行商，善于击剑，宣州、泾县喜爱用弩射猎，在江东最为强悍。福建、广东，临海者习惯用船，靠山者习惯步行，如猿猴跳跃，飞瓦爬竿。赣州、抚州、汀州、建昌依山者贪利轻生，抚州、建昌，表现尤甚。辰州、沅州向西，起自永定、竿子，直到云南、贵州、宋江、蔡山、乞猡，是西南地区特别强悍者。

蜀沿江有巴、渝之遗，汶、黎、松潘相岭冲天之徼，东绕马、泸，讫黔、酉土司，各以标枪、利弩、火器，革毳之资，耐劳奔险，乐死好斗。南、太狼家尽泗城而西，不下数十万，顾保其区，不战散地。其他一邑一乡，颇有劲悍者。守监随多寡占募，不以额佥如府兵、彍骑[1]、禁厢，卫所[2]之制，老死子孙而诛及疲劣，则上下数百年中区之材用，可因时消息而登之用也。夫捐父老，犯零露，践伏尸，闲熛火，争死于百一者，涖以洁清皭白之率长，使啖粝茹蔌[3]，穷年永岁，无酾酒、割鲜、蒲塞[4]、驰射之欢，携修眉、听哱歌、靡滥柔暖、妖娈弦索之戏，则蛇慵麋[5]散而不可止。

[注释]

1 彍（kuò）骑：唐代宿卫兵名。

2 卫所：明朝主要的军事制度，为明太祖创立。自京师达于郡县，皆设立卫、所，外统于都司，内统于五军都督府。卫、所分属于各省的都指挥使司，各省的都指挥使司又由中央的五军都督府划片管辖。

3 啖（dàn）粝（lì）茹蔌（sù）：啖，吃，用利益引诱人。粝，糙米。蔌，野菜。

4 蒲塞：蒲，樗蒲。樗蒲和塞是古代的二种博戏。亦泛指赌博。

5 麖（jīng）：古书记载的一种鹿。

[译文]

蜀地沿江有巴郡、渝州的遗风，汶州、黎州、松潘一带，山岭高耸天际，东绕马湖、泸州，直到黔江、酉阳土司，各有标枪、利箭、火器、皮革等武具，耐劳走险，乐死好斗。南宁、太狼家到泗城州再向西，兵员不下数十万，各地自保，是一个不到外地作战的兵员区。其他零星的一县一乡，颇有强劲凶悍之徒。各府太守、武监、应据人数多少招募，不像府兵、彍骑、厢军、卫所，用额定人数签调，老死子孙而诛及疲劣，那么，上下几百年，中国的人才，则可根据时间推移而派上用场。士卒弃父母、冒霜露、踏尸骨、入水火、不顾生死作战，乃因为其上司是清白廉洁将领，使其吃粗粮青菜，终年不能喝酒吃肉，又没有赌博、骑马、射箭之乐，不能携美女、听音乐、靡滥柔暖、妖娈弦索之戏，那么，慵懒离散的状况就不能禁止。

故牛酒时作，金钱飞洒，所以贾桀骜之死心也。而况旗帜、帷幛、弓矢、刀矛、火器、马疋、鞍鞯之精铣，率不再岁而敝坏与！夫闻谍、侦探、游宾、说客、死士之往来，国家不能括资于经费之中，则假台使以权，宽其缮具。倘如昔者守司农所敓，率不得请，请不得报，报不得速，事机先失，守文吏随持其后，此以约束庸愚而坐自弱其势矣。

[译文]

所以，常设牛酒，多发金钱，才能收买桀骜不驯者死心效力。何况旗帜、帷幛、弓矢、刀矛、火器、马匹、鞍鞯之精铣，一般不到第二年就坏了呢？间谍、侦探、游宾、说客、敢死之士的往来费用，国家不能在经费中支出，可把权力下放给各布政使，放宽上报尺度。如果像往昔那样恪守司农规定，前方将帅不能申请，申请又得不到回答，或回答得不及时，那就先失处理军务的时机，再加上死守法令的文官加以掣肘，这只能约束庸人愚夫，而犯了削弱自己力量的错误。

今夫中区之产八，谷不与赋于大农，其滂溢横射，走天下全利者，鹾政[1]为上。淮安、通、泰隶两淮者，北食陈、汝，南食长沙，利参天下之一。长芦领北海，食畿下。山东领胶东、滨、乐，并食徐、邳。解池三场食两河，届泽、沁。陕西领灵州池，障西和井，食陇右。河西山丹红盐，居延白盐，稍食其地。

[注释]

1 鹾（cuó）政：盐务。

[译文]

如今，中国产地可分八块，得到的粮食可以不上交大司农，其滂溢横射，有天下全利的，只有盐政最高。淮安、通州、秦州隶属两淮监田，北边供应陈州、汝州，南边供应长沙，获利占天下三分之一。长芦统领北方海滨盐田，供应京畿。山东统领胶州、滨州、乐陵盐田，供应徐州、邳州。解池三场供应两河，和泽州、沁州。陕西有灵州盐池和西和井，供应陇右。河西山丹红盐、居延白盐，供应本地。

浙江领许村、仁和、嘉兴、松江、宁、绍、温、

台，食吴会。福建自食。广东食岭东、南海北，兼食广西，北食衡、宝。云南黑白井自食。四川领成都、富顺、淯川、荣昌、大昌、开县、盐亭诸井，食其地。或因其产，或因其食，隶之台治。商引料价，批杂税，割太仓之半，分畀台使。开中者听其自募牢盆[1]，稍食稍取给焉。

[注释]

1 牢盆：煮盐器具，借指盐政或盐业。

[译文]

浙江统领许村、仁和、嘉兴、松江、宁波、绍兴、温州、台州盐田，供应吴会。福建供应本省。广东供应岭东、南海北，同时供应广西，向北供应衡阳、宝庆。云南黑白井盐供应本地。四川统领成都、富顺、育川、荣昌、大昌、开县、盐亭等地盐吉，供应本地。它们有的凭借盐产，有的凭借转运，隶属于台府。转运所得和产盐所得，除去杂税，几乎要把太仓的一半，划给各布政使掌管了。开中的商人，听任他们自买煮盐器具，随用随取。

川、湖、六、霍，茶荈[1]之所出也，铅、铁、铜、锡炉、甘、苧、竹有所产，吴松原蚕，滨江芦荻鱼利，

山后石煤，边番互市，福广番舶，浒墅、临清、九江、芜湖、梅岭、钱塘以放关，市船棋布[2]丝萦者，间饱渔侵。使台使诸得自领，会出其余，以佐他镇之歉迫[3]，台无上计，部无授程，悉俟九载以奏其出纳，而纳其奇羡。

[注释]

1 茶荈（chuǎn）：茶叶。

2 棋布：繁密如棋子般分布。

3 歉迫：困厄，窘迫。

[译文]

四川、两湖、六安、霍山，是茶叶产区，同时还出产铅、铁、铜、锡炉、柑橘、苎麻和竹木。吴松的蚕茧，沿江的芦苇、渔利，山后的石煤，边地和外国通商，福建、广州有外船，浒墅、临清、九江、芜湖、梅岭、钱塘等地，都是开放关市，买卖船只繁多，如棋布丝萦，时被强取豪夺。让布政使统一管理各项收入，汇集余额，以助其他边镇财政欠缺。布政使不向中央报告其经济收支，各部也不向布政使限定应交的数额，一切等到九年奏明出纳以上缴财政节余。

于是因赢余，饬六师，精器备，广城堡，溢赏

格，走死智勇于边徼杀戮之地，为天子使。是故中国财足自亿也，兵足自强也，智足自名也。不以一人疑天下，不以天下私一人，休养厉精，土佻粟积，取威万方，濯秦愚，刷宋耻，此以保延千祀，博衣、弁带、仁育、义植之士甿，足以固其族而无忧矣。

［译文］

这样，即可凭借财政盈余，整顿军队、精制武器、扩建城堡、增加奖赏，鼓励智勇之士奔走边地、效命疆场、听天子使令。如此，中国的财政便足以自供、兵员足以自强、智慧足以自名了。不要因一人怀疑天下人，也不要以天下为个人私有物，休养生息，励精图治，兵精粮积，威震天下，洗秦愚、刷宋耻，以此保证国运长久，宽衣、冠冕、受仁义养育培植的士民，足以卫家卫国而无所忧虑了。

慎选第四

德未至不敢干，德已至不敢越，井井然犹墙堞阶之上。故奇杰意消，聪明思返，卒以莫大实而徕尊亲矣。故同异责贱差辨，此六数者，圣王所以正天下之性，效阴阳之全也。

万族蒸蒸[1]，各保其命，各正其性，所以为之者，岂非天哉！饮食而有血气，阴阳而有生死，天之同人于物也。出尘[2]舒光，漂轻存重，变不变以为信智，敢不敢以为仁勇，拔万类而授之人，拔人族而授之圣贤之族，天之异人于物、异圣贤于人也。同者为贱，异者为贵，以有尤贵滋性而统君之。无同则害命，无异则沦性。

[注释]

1 蒸蒸：纯一宽厚；兴盛。

2 出尘：佛教语。脱离烦恼的尘垢；超出世俗。

[译文]

万族繁盛，都有其生命与本性，所以能够这样，难道不是天意吗！有饮食然后有血气，有阴阳然后有生死，这是上天让人和万物相“同”之处。拂去尘土显露光芒，漂去轻滓留下重实，以遇事变不变看其是否信智，以临难敢不敢看其是否仁勇，造物者集合万物的优点而赋予人类，又选拔人类的智慧而赋予贤明之人，这是上天让人和万物、贤明之人和普通人相“异”之处。与万物相同的为“贱”（普通人），与万物相异（有信、智、仁、勇）的为“贵”（圣贤），有特别优秀品质之人为天下的君王，没有“同”就没有生命，没有“异”则本性沦丧。

故圣王齐物以为养，从天之同也；别物以为教，宠天之异也。从者差养，宠者辨教，澂汰[1]滓魄，濯洗清明，分万命，理万性，拣其粹白以珍之万族之上，所以助天而保合太和[2]者，始于大公而终于至正也。

［注释］

1 澂（chéng）汰：澄去泥滓，汰除沙砾。多用以指甄别、拣选。

2 太和：天地间冲和之气；人的精神、元气；平和的心理状态。

［译文］

所以圣王对人类万物一视同仁以使他们生养，这是顺从天使人类万物相“同”之意，圣王又对人类进行教化，是恩宠天意使人类万物相“异”。顺从天意使人类以与万物有“差”的适宜方式生养，尊崇天意对人类施教化使他们明“辨”，清除丑恶渣滓，选出清明善性，分出各种不同的“命”，理出各种不同的“性”，选出德行优异者崇置于万族之上，让他们帮助上天促进太平，为人类万物造福，这是从大公出发而以至正为最终目标的。

《虞书》曰：“日宣三德，夙夜浚明[1]，有家日严，只敬六德，亮采[2]有邦。”等而上之，知九德之有天下明矣。家邦以给之。三六以别之，德以画之，俊乂[3]咸事，来章[4]一人。天下之大，万民之众，审其所撰，忖[5]其所藏，由臣之不虚贵也，知主之不虚王也。如此，则踞天位而长万邦者，彼何人哉！

[注释]

1 浚明：明治，治理清明。

2 亮采：辅佐政事。

3 俊乂：才德出众的人。

4 来章：寄或送来的诗篇文章。指别人的诗文。

5 忖（cǔn）：推测；仔细考虑。

[译文]

《尚书·虞书》上说："（人的行为表现有九种美德：宽大而能敬谨，柔和而能自立，谨厚而能供职事，有治才而能审慎行事，温顺而能坚毅，正直而能温和，简易而能严守分际，刚正而能充实，强勇而能好义；表彰有常德的人，予以禄位，那就完美了。）为政者天天表现出三德，早晚认真努力于家的人，天天庄严地重视六德，辅助政事于国的人，则能完善地治理邦国。"以此类推，有能力践行九德的人，必定能够据有天下。到那时，诸侯卿士大夫都在君王的手下任职，按照他们所能践行九德的程度，依次划分爵禄，才能杰出的人士，都贡献出自己的能力以侍奉天子。天下是如此的广大，人口是如此众多，仔细研究天地自然的规律，考量人心事理的归向，都说明天下臣民不愿意空享尊贵，君主也不是平白无故称王的。那么，身居天子之位，主宰天下的，究竟是什么样的人呢？

德未至，不敢干[1]。德已至，不敢越。井井然犹墙堞阶阤[2]之累上，故奇杰意消，聪明思返，卒以奠大宝而徕尊亲矣。故同、异、贵、贱、差、辨，此六数者，圣王所以正天下之性，效阴阳之位也，而一以胥天下之和平。尚其所尊而鼓钟以乐之，则和矣。量其不能而桑亩以安之，则平矣。故怨讟[3]不起，而奸宄[4]息也。

[注释]

1 干：追求，求取。《中山狼传》：“时墨者东郭先生将北适中山以干仕。”

2 阶阤：台阶两旁所砌的斜石。借指堂前。

3 怨讟（dú）：怨恨诽谤。

4 奸宄：违法作乱的事情。

[译文]

没有德行的人，不敢奢望他；已经具有九德的人，不敢逾越他。人类社会的结构，应该像城墙台阶两旁的斜石一样层层向上，井然有序，这样，俊杰之人便会消除野心，聪明智慧的人会省察自己，所在的人均以勤慎立业来告慰自己的尊视。所以，同、异、贵、贱、差、辨这六个观念，圣王以此来匡正天下的心性，调整阴阳的序位，唯一的目的就是维护天下的和平。尊敬值得尊重的人，以鼓、钟之乐取悦他们，那么君臣上下就会和睦；鉴视细民才能的短长，让他们植桑种田以安居，则能使人平服。这样怨恨诽谤不会无端出现，违法乱纪也会逐渐平息。

三代以降[1]，汉之选举以郡邑州将，曹魏六代[2]以大小中正[3]。始于扬汰，终于浮滥，亵薄天宠，流觞输[4]竞者，往往弊自上开。而当其严整，犹有差别之足

纪焉。隋承陈、梁之末造，宫体[5]先吹，文争实长，其曼声、曳趾、挑绮、拾英之流习，滥于崇朝[6]。

[注释]

1 以降：犹言以后，表示时间在后。

2 六代：此指三国吴、东晋和南朝之宋、齐、梁、陈六朝。

3 中正：九品中正制，魏晋南北朝时期重要的选官制度。上承两汉察举制，下启隋唐之科举，在中国古代政治制度史上占有十分重要的地位，乃中国封建社会三大选官制度之一。

4 媮（yú）：同“愉”，快乐，喜悦。

5 宫体：一种描写宫廷生活的诗体。始于南朝梁简文帝，作品内容多写宫廷生活和男女私情，形式上追求辞藻靡丽，华而不实，时称宫体。后世因称艳情诗为宫体。

6 崇朝：终朝。从天亮到早饭时。有时喻时间短暂，犹言一个早晨。亦指整天。崇，通“终”。

[译文]

夏、商、周三代之后，汉代选拔官员依靠郡县州长官的推荐，曹魏到东吴、晋朝和南朝，以九品中正制来举荐评议。起初还能择优略劣，后来却陷于浮滥，亵辱轻慢了有德之人，下贱钻营之人因此猖獗。这些弊端，往往是自上而下出现的，当选拔方法严明整齐时，差别分明这一点还是有可取之处的。隋朝继承了梁朝、陈朝的遗风，描写宫廷生活的诗体文风盛行（宫体诗是南朝盛行的一种以描绘宫廷生活和男女爱情为主题的诗歌，形式上追求辞藻华丽，而内容空虚），选拔依据的多是书写文章，所谓曼声、曳趾，挑绮、拾英之类的华丽辞藻层出不穷，泛滥一时。

科目[1]之兴，寻远古则然，世会所争，不能逆流而泝之上矣。因缘[2]其轨，欲以稍静天下者，固当心载大公，较隆天秩，则异非所异而宠殊所宠，犹可以徐俟和平，来附人心，而明贵贱之级。流及于宋，窃窃然[3]唯恐天下之异心也，师武曌之智，开笼络之术，广进士、明经、学究之科，下逮七科、乙等之目，推郊祀[4]、任子[5]、异姓甥壻、门客之恩，摇荡诱饵天下于堂陛[6]嫌微[7]之际。

［注释］

1 科目：科举制，隋唐以来实行的通过考试选拔官吏的制度。

2 因缘：依据，凭借，攀附。

3 窃窃然：暗中，偷偷地。

4 郊祀：古代于郊外祭祀天地，南郊祭天，北郊祭地。郊谓大祀，祀为群祀。

5 任子：因父兄的功绩，得保任授予官职。

6 堂陛：厅堂和台阶，代指朝廷。

7 嫌微：嫌疑。

[译文]

科举制的兴起，是追循古代选拔官员的方法，然而受当时社会风气的影响，不能逆社会潮流而上啊！凭借文章取士的方法，试图平息天下的奔竞侥幸之心，固然应该从大公出发，重视天职。虽然选出的不是德行最优秀的，也不是最贤能的人，但还是可以借此慢慢和合阴阳，收揽人心，明确富贵贫贱的等级。延续到宋代，皇帝害怕天下人心存异心，效仿武则天创立的殿试方法，实行笼络人心之法，广开进士、明经、学究诸科，以下又有七科、乙等之类名目，还实行每到郊祀官僚可恩荫子弟、异姓甥婿、门客入官等制度，以此引诱动摇天下人于朝廷嫌疑之时。

而当时桀黠[1]者，亦微测上旨，倒持来去，以邀荣膴[2]，不得则李巨川、张元、吴昊[3]之流愤起而播其乱。其君臣之间，犹发箧行侩之相为禁持，故和平去心，而粹白失性，胥中区而沦虐老兽心之俗者，非无所自开其源也。

［注释］

1 桀黠：凶悍狡黠的人。

2 荣膴（wǔ）：犹富贵荣华。

3 李巨川、张元、吴昊：李巨川《宋史》无传，或为唐人季巨川之误。张元、吴昊，北宋人，因连举不中而投西夏，曾引起边乱。

［译文］

而当时凶悍狡黠之人，似乎也很明白皇帝的意旨，采用各种手段钻营于科场以求荣华富贵，达不到目的时，如李巨川、张元、吴昊这些人便愤然起来发动叛乱，即使是君臣之间，还要采用窃贼、市井无赖之类的方式相互约束，所以和谐温顺之心已经丧失，纯洁的本性也已失去，整个中国沦于残暴无仁的风气之中，这也不是凭空产生而没有原因的啊！

近世之为政者，踵而用之，增文学，益解额[1]，倍制科[2]，升乙榜，推恩乡贡，职名不足，缀冗员、速资格以济之，而天下之怨亦由是而兴。夫天下，恩之不胜恩也，怨之不胜怨也，恩之所止，怨之所流。故曰“和大怨者必有余怨”。而窃天地之恩以鬻贩[3]

人民而胶饴其心，施天下以私而责其公报，犹假敌戈鋋[4]，望其稽伏，其不伤脰[5]陷胸于彼者，盖亦鲜矣。

［注释］

1 解额：唐制，进士举于乡，给解状有一定名额，故称解额。

2 制科：制科即制举，又称大科、特科，是为选拔“非常之才”而举行的不定期非常规考试。

3 鬻（yù）贩：贩卖。

4 戈鋋（chán）：戈与鋋。亦泛指兵器。

5 脰：脖子，颈项。

［译文］

近代当权者继承宋代以来的科举制度，增加文学诸科，增加各地乡贡参加省试的人数，加倍录取制科考试的举子，升格取中进士之人的地位，推恩于乡贡举人。如果官职不足以安置，就设置冗员闲官，同时加快官员的升迁以安置新录取的士人。而天下人的怨恨也因此产生。对天下人来说，施舍恩情是没有穷尽的，取怨也是无有止境的；恩情到哪里施舍为止，怨愤立即就在哪里产生，这就是所谓的“平息大怨时必然会有其余的怨恨产生”。而窃取天地的恩情贩卖给百姓，迷惑收买人心；以私心对待天下，而要求人们报以至公，就好像给敌人兵器，希望他们投降，还不使自己受伤受害，大概是很少的吧。

《诗》曰："尸鸠在桑，其子七兮。"淑人君子，均平专一，而风流雏觳[1]，无私之谓也。故孔子射于矍相之圃，退者十九[2]，早知不能而使退，故法严而怨不起。今广其科目于此，人倖得焉，而得者百一，则怨一矣。捷其资格于此，人倖远焉，而速者十一，则怨二矣。两者皆以恩天下也，而贸其怨。

[注释]

1 雏觳（kòu）：孵化不久的幼禽。

2 孔子射于矍相之圃，退者十九：《礼记·射义》："孔子射于矍相之圃，盖观者如堵墙。射至于司马，使子路执弓矢出延射，曰：'贲军之将，亡国之大夫，与为人后者不入，其余皆入。'盖去者半，入者半。又使公罔之裘、序点，扬觯而语。公罔之裘扬觯而语曰：'幼壮孝弟，耆耋好礼，不从流俗，修身以俟死者，不在此位也。'盖去者半，处者半。序点又扬觯而语曰：'好学不倦，好礼不变，旄期称道不乱者，不，在此位也。'盖廑有存者。"

[译文]

《诗经》中说："布谷鸟在桑林筑巢，细心哺食小鸟七个。"善良贤惠、公道正直的君子待人公正同一，所以用初生小鸟做比喻，都是为了说明无私的道理。因此，孔子在矍相的泽宫演习射礼，自动弃权者占十分之九。让他们早知道自己不行就自动退出比赛，所以法令虽然严格却不会滋生怨恨。而现在科举的科目如此之多，人们都希望侥幸考中，但是录取者只占百分之一，这是第一个滋生怨恨的原因。加快官僚升迁以安置新录取的士人，人人都希望升迁，但只能有十分之一的官员能尽快升迁，这是滋生怨恨的第二大原因。两者都是施恩于天下的措施，却反倒取怨于天下。

故士自授经成读，昧偏傍，盲语助，老死童子[1]者，皆有怨心。其极则蹑六卿，登黄阁[2]，皓发[3]返林，赐镪[4]驰驿，祖帐辉煌传于亭，而闲语乘兴，犹戟髯把揽，呃塞而不得语。彼亲天子之侧者，乖沴[5]横塞，奴虏[6]驵贩[7]如此，其他上偪下流，畜狡伺而幸翻覆，侵寻沈淖[8]，尤不知其所届。是何也？始诱之以甚易，而后继之以极难也。

[注释]

1 童子：旧时科举考试科目之一。始于唐代。

2 黄阁：汉代丞相、太尉和汉以后的三公官署避用朱门，厅门涂黄色，以区别于天子。唐时门下省亦称黄阁。

3 皓发：白发。谓年老。

4 镪（qiǎng）：成串的钱。

5 乖沴（lì）：不和之气，邪气。

6 奴虏：俘虏；奴隶。

7 驵（zǎng）贩：市侩。

[译文]

所以，士人从能读经书，还不知偏旁，不懂语助词者，到一直考到老年仍考不中的老“童子”（考不中举人则一直称童子），都有怨恨之心。至于能当上六卿高位的人，直至宰相，之后白发退休，皇帝赏赐银两，驾乘驿马疾行，饯送的帐篷辉耀于沿途驿亭，却经常因一时高兴指斥皇帝的闲语，而激愤得把揽须髯，连话都说不出来。那些经常在皇帝身边的人，充满了不和之气，像奴隶、俘虏和市侩小贩一样，其他逼上欺下之徒，窝藏奸心而窥伺机会，朝廷稍有动荡就幸灾乐祸，争尺权夺寸利，风俗败坏，更不知达到什么程度。这是为什么呢？因为起初引诱他们科举时说得很容易，而当他们投身科场和当官以后，考中和升迁都显得很难啊！

弓之解也，胶液筋缓，则熯而张之。承今之敝，建小康之术，莫若先其甚难而后稍授以易。先其所难，则知不能者退矣，犹矍相之射也，废然而无妒媢之心矣。是故以贤者厕[1]不肖，不肖者忮；以不肖者厕贤，贤者惭。惭发于贤者，故拾橡织絇[2]，愤弃君父之忧；忮发于不肖，溃决奸宄[3]，郁不可折之势以仇君父，长乱阶，不濒之亡而不止。

[注释]

1 厕：夹杂在里面；参与。

2 拾橡织絇：捡拾橡果，缝织鞋饰，比喻归隐山林，不问政事。

3 奸宄：违法作乱的事情。

[译文]

一张弓如果坏了，胶湿弦松，则需用火烘干，重新绷紧弓弦。在如今这种弊病下，建立政教清明、百姓富裕安乐社会局面的方式，最好是先让天下人认识到当官的难处，然后授官给他让他觉得容易。先让人们知道当官很难，就会有很多人知道自己无法胜任而知难而退，就像孔子在矍相的泽宫射箭一样，虽然使他们自动放弃，但却没有滋生嫉妒怨愤之心。所以说，把贤能者置身于无德无能者之间，则无德无能者就会嫉妒贤能者，把无德无能者置身于贤能者中间，则贤能者会感到羞惭。羞惭之感出于贤者，贤者就会退隐林下，愤而不为国事担忧。嫉妒出于无德无能的人，则会像大水冲开堤防一样，恼羞成怒，违法乱纪，以不共戴天之心来仇恨君王，生起祸端，颠覆朝纲，不把国家搞灭亡就不肯住手。

坤之履霜，不肖之忮也；括囊[1]，贤人之惭也。贤人隐，弑逆作，相乘之理，渐不知保，岂一朝一夕之故哉！是故顺异同，立差辨，以小人养君子，天之制也。观其所养，故养而不穷。

[注释]

1 括囊：结扎袋口。亦喻缄口不言。

[译文]

《易经·坤卦》所称“履霜”，就是指不肖者的嫉妒；“括囊”，就是指贤能者的羞惭。贤人隐退，犯上作乱之类出现，君臣上下的体制，渐渐就没人理解，这都不是一朝一夕造成的。所以说，顺从上天对人类万物的异、同之意，建立差养、辨教之法，以小民供养君子，是天道自然的法则。注意拣选得受百姓供养的人，这样既能长期养士，又不致使百姓困穷。

今一邑之小，补生徒[1]者养于民，成岁贡者养于民，偕乡计者养于民，登进士者养于民，授职官者养于民。五累而上，养之益丰。五降而下，养之益繁。而又无以观其所养，博泛丛阘，登进苟且，其一切所为，卒无以异于阛阓[2]拚除卒伍之行。籍起上流，尸避徭役，公私谒请，流连嬉宴，以操细民之生命。其不一旦得当，裂冠冕而泄其不堪者，寡矣。

[注释]

1 生徒：唐代科举取士制度之一。

2 阛阓（huán huì）：街市；街道。借指民间。

[译文]

现在一县之内，百姓要奉养那些候补为生徒的，又要奉养那些参加岁贡的，还要奉养那些乡绅，奉养那些进士，奉养那些被授予职官的人。这五种负担之中，越往上消耗的费用越多，越往下被奉养的人就越多。又无法仔细审查这些为民所养之人的德行，博泛丛杂，苟且升迁，所作所为，和市井无赖、军队士卒没有什么差别。他们有权有势，可以免除瑶役。无论公家还是私人拜谒告求，终日欢宴，却把持百姓的生死大权。百姓一旦得到机会，能不撕碎他们的衣冠以发泄怨恨者，恐怕是极少的吧。

裁生徒，节贡举，省进士，谨资格，持之以难，择之以慎，天下乃晓然知上所尊尚之旨，其不容苟且如此，而抑欢然奉养于长吏孝秀而永谢其望心。况累是而上，享玉食，蹈天位者，不愈震耀[1]肌魄以推戴莫京哉！故差其所养，别其所教，执相成而功相倚也。

［注释］

1 震耀：震动，显耀。极言其威猛之状。

［译文］

裁减州县生徒人数，减少贡举，减少进士录取人数，严格官员选拔升迁资格，使科举变得很难，选举录取的方式很慎重，天下人才能知道皇帝科举选拔的本意。只有这样不允许敷衍了事之人，才能使天下百姓乐意奉养官员和贤能之人，而且永远不会产生当官的奢望。以此为基础，当君王居天位，不是比费尽心力以取得天下的拥戴更简捷吗！所以，使人民有适合的生养环境，对聪明和愚笨之人采取不同的教化，是相辅相成的。

王者规天道，长万族，顺其所从，珍其所宠，则性命正矣。累上以为益尊，则天位凝矣。忘恩以远怨，则和平臻矣。节养以息民，返不率[1]以归农，则民志定矣。革陋宋鬻贩之私，则大公行矣。

［注释］

1 不率：不服从，不遵循。

［译文］

君王遵循天道，成为天下各族的首领，顺天之所从，珍天之所宠，则万命万性归于正途，地位越尊贵的人越受人尊重，天位就更加稳固；忘掉施恩以减少民怨，则和平就容易到来；裁撤冗官以减轻百姓的负担，让不适合做官的人回家务农，则民心自然安定。革除鄙陋的宋朝卖官鬻爵以笼络人心的私欲，那么大公之风可畅行于天下。

百年之内，乘千岁之弊，仍科目而减其额，核资格而难其选，则始基立矣。然后抑浮藻[1]，登德行，立庠序[2]，讲正学，厉廉耻，易科目，升孝秀，俟之必世之后而天气清，人维固，禽心息，□行泯。沄沄[3]陶陶[4]，太和旋复。《诗》曰："文王在上，於昭于天。"言其赞助清明，而扶光霄极，叶天道也。

[注释]

1 浮藻：浮华的辞藻。

2 庠（xiáng）序：古代的地方学校。后亦泛称学校。

3 沄（yún）沄：形容像流水一样迅速消逝。

4 陶陶：广大；和乐；阳气极盛貌。

[译文]

要在百年之内革除一千年以来的弊病，可以先继续采用科举制度但减少录取人数，严格官员任命升迁的资格以使选拔变得困难，从而为革除弊病奠定基础。然后抑制浮华辞藻盛行的风气，以德行为选拔标准，广建学校，讲习正学，激励廉耻之心，改变科举科目，选拔忠孝德行优秀的人当官。待到数世之后，自然会天气清明，人纲巩固，恶念平息，恶行泯灭。圣德远扬，君子和乐，阴阳和复。《诗经》说："文王天上有英灵，光辉照天最显明。"就是说他能赞助清明之性，像日光天地一样，谐和于天道啊。

任官第五

尊其尊，卑其卑，位其位，事其事，难其选举，易其防闲，公其心，去其危，尽中区之智力，治轩辕之天下，族类疆植，仁勇竞命，虽历百世而弱丧之祸消也。

董子[1]曰："仁者人也，义者我也。"以仁爱人，以义制我。以仁爱人，不授以制而尽其私。以义制我，不私所爱而厚其疑。恶有为天下王者自爱而制人，可以宰九州，建千祀者乎！且诚非所以自爱。

[注释]

1 董子：董仲舒，西汉思想家、政治家、教育家。提出了天人感应、三纲五常等重要儒家理论。

[译文]

董仲舒说："用仁爱来对待别人，用道义来约束自我。"就是以仁心爱别人，以大义来约束自己。以仁心爱别人，不约束别人而让人尽其所能；以道义约束自己，不因为自己的偏爱而增加别人的猜疑。身为一个君王，自私自利，精制别人，却可以控制九州，建立千秋社稷的伟业，天下没有这个道理，况且这样也不能达到自爱的目的。

天有四时、五行、四方，各位其位，时其时。不疑冬之凄苦而间以燠[1]；不疑夏之歊暑而间以寒，不疑西北之有昆仑，崇堕崟崔，隔己而陵夷[2]之；不疑东南之有尾闾[3]，淫浸沉没，泛己而堙[4]燥之。四时、五行、四方各行其职，胥[5]以归功，盖相报也。

［注释］

1 燠：暖，热。

2 陵夷：由盛到衰。衰颓，衰落。

3 尾闾：古代传说中泄海水之处。

4 堙（yīn）：堵塞；埋没。

5 胥：皆，都

［译文］

天有春夏秋冬四时，金木水火土五行，东西南北四方，各处于其位置，按四时五行运行。上天不会因为冬天寒冷，就在中间安排一段炎热的日子；也不会因为夏天酷热，就在中间安排一段寒冷的日子；不会因为西北有昆仑山脉，高耸险峻，阻挡天日就削平它；也不会因为东南有尾闾之豁，大水浩淼，浸没天日而填干它。四时、五行、四方各居其位、各尽其职，成为一体，大概是因为它们是相辅相成的。

《诗》云：“投我以木桃，报之以琼瑶。”言齐桓推亡固存[1]，以诚信礼卫，毁于两河胆吻之间而不相疑，故取似实果而赠美琼瑶也[2]。王者拜贶天醮[3]，宅履中区，感河流光，承剑启珓[4]，以贻后世，得之丁宁，付之郑重，固其所也。

[注释]

1 推亡固存：推翻行亡道之国，巩固行存道之邦。《汉书·宣帝纪赞》：“遭值匈奴乖乱，推亡固存，信威北夷，单于慕义，稽首称藩。”

2 言齐桓……而赠美琼瑶也：《毛诗序》云：“《木瓜》，美齐桓公也。卫国有狄人之败，出处于漕，齐桓公救而封之，遗之车马器物焉。卫人思之，欲厚报之，而作是诗也。”

3 醮（jiào）：古代结婚时用酒祭神的礼节；僧道设坛祭神。

4 珓（jiào）：占卜用具，用蚌壳、竹片或木片制成。

[译文]

《诗经》中说：“你将木桃投赠我，我拿琼瑶作回报。”

这是说齐桓公为巩固统治，以诚信礼遇卫国，卫国两次遇到亡国之难，也毫不怀疑，因此卫国人作诗以表达感激之情。天子拜受并赐予天命，统治中原之地，感应天河流光，将宝剑、吉符传给后世时，总是反复叮咛，郑重嘱托，才郑重交出信物，也是这个原因啊！

然三五之代，以历迭兴，或及身而授，或数十世而授，卒不越神明之胤[1]。恶有如赵宋之削其援，弱其族，以□之□□者乎！彼耶律、完颜、奇渥温之初始，亦尝分尺土，籍一民，伏莽啮堤，以为窥窃之资也哉！若晋、宋、梁、唐之末造，僭偪孤寡，权壅[2]上流，彼畀[3]受苟简[4]，日习而次垂之，此又无庸致怪也。

[注释]

1 胤：后代，后嗣。

2 壅：堵塞。

3 畀（bì）：给，给以。

4 苟简：草率而简略。

[译文]

然而在三皇五帝时代，根据天命的交替兴起，君王或是本身就实行禅让，或是经历几十代才禅位，都不外是神明的后代。没有像赵宋王朝那样削去自身的支援，疲弱华夏之族，把国家拱手让给夷狄的。辽耶律氏、金完颜氏、元奇渥温氏刚刚兴起时，也曾分居一小块领土，统治很少的臣民，混身草莽之中，希冀啮坏长堤，以此作为窃取华夏政权的资本。在晋、宋、梁、唐的末期，权臣逼迫幼小的皇帝，欺负他们孤儿寡母，权力被大臣把握，当时权力的委任草率而简略，大臣对这种现象早已习惯，垂涎皇帝大位，这种混乱的现象是用不着奇怪的。

流风沿递，疑积相仍，乃至论道之职，喉舌之司，六官之长，旬宣之使，下及郡邑，城不足百雉[1]，户不满三千者，盈天下而无非疑地。以为不可疑也，是戈矛填心而黚炮[2]割腕也。以为可疑也，是授蹻、跖以籥键[3]而稍滞其户牡也。以为疑在此而制以彼也，是忌狸窃雏而间之以狐也。

[注释]

1 百雉：指城墙的长度达三百丈。是春秋时国君的特权。雉：古代计算城墙面积的单位，长三丈高一丈为一雉。

2 黚炮（qián pào）：黚，浅黄黑色。炮，皮肤上长的水泡形疙瘩。

3 籥（yuè）键：指钥匙。

[译文]

这种风气延续传递下去，官僚之间猜忌之风越来越严重，以至于谋虑治国政令的宰辅之职，御史、台谏之类掌握机要的重臣，六部官长、巡宣使臣，下至郡县长官，城墙不足三百丈，户口不满三千户的小城，全天下没有不被猜疑之处。在此情形下，主政者认为官员不可怀疑，但心中又严加防范，不惜为了一个小水疱而将手腕割去；认为官员可以猜疑，却又好像将自家的钥匙交给庄蹻、盗跖之流，而希望他们慢一点下手洗劫；认为此处值得怀疑，又怕有狸偷鸡，却让狐去看守鸡舍。

舜之命官也，禹陟司空，宅百揆[1]，弃为后稷[2]，契作司徒，皋陶作士，伯作秩宗，夔典乐，教胄子，龙作纳言[3]，各专其采。虽稽让从容，后心载俞，而旁任必咈[4]，其汝谐以往者，共工百度之薮[5]，虞理名山大泽之长也。故劳谢专尸以体其爱，道孤独赞以去其制，则仁义立而天工亮矣。

[注释]

1 百揆：指各种政务。

2 后稷：古代农官名。

3 纳言：古官名。主出纳王命。

4 咈：违背。

5 薮（sǒu）：生长着很多草的湖泊，也指有草无水的沼泽。

[译文]

舜在任命官长时，让禹当司空，管理各种政务，让弃当司农官，让契做司徒，让皋陶做司法官，让伯管理宗庙祭祀，让夔掌管音乐、教育后代，让龙出纳王命，各专其长。虽然他们从容推辞，舜则更勉励之，若让其他人担任这些官职，舜肯定不会同意。舜之所以说："去吧，你能胜任！"是因为舜相信共工能治理百尺之泽，相信益能管理名山大川之蓄养。因而慰劳致谢都是舜专门主持，以体现对他们宠爱，支持他们的工作以免去对他们的约束，这样，仁义树立起来，而天下之百工才得以完成。

天地之气，刑德相召，祸喜相感。甘草兆熟，苦草兆饥。醴泉甘露不流桀池。夹珥阴风不凄尧宇。诚由诚往，疑用疑来。是故五臣、十乱、鄚、留、冯、邓之侣[1]，布心洒血而不恤，彼有以召之也。李广之射石，非虎也而饮金没羽。诚以拔之，则小人革面；疑以任之，则君子寒心。是故豫生饮药于赵都[2]，百里行哭于秦族[3]，越石授命于并阳[4]，袁、刘糜姓于台下[5]，杨业介马以丧元[6]，余阙凭城而溅血[7]。

［注释］

1 五臣：舜的五位有才能的大臣：禹、稷、契、皋陶、伯益。十乱：周武王的十个治国平乱的大臣：周公旦、召公、太公望、毕公、荣公、太颠、闳夭、散宜生、南宫适、文王母。酂：指萧何。刘邦平定天下后，分封诸侯，萧何因“镇国家、抚百姓、给粮饷”之功，被封为酂侯。留：指张良。张良运筹帷幄，辅佐刘邦统一天下，被封为留侯。冯：东汉开国名将冯异。云台二十八将之一，协助刘秀建立东汉，后被封阳夏侯。邓：东汉开国名将邓禹。云台二十八将之首，协助刘秀建立东汉，被封为酂侯。

2 豫生饮药于赵都：豫生是春秋战国时期晋国正卿智伯瑶的家臣。晋出公二十二年（前453年），赵、韩、魏联手消灭智氏，智伯瑶兵败身亡。豫让为了给智伯瑶报仇，多次刺杀赵襄子，用漆涂满全身使自己面目全非，吞炭使自己的声音改变，结果刺杀失败，为其所捕。

3 百里行哭于秦族：百里奚本是虞国大夫，晋国灭亡虞国后，作为秦穆公夫人的陪嫁奴隶送到秦国。后得秦穆公赏识，成为秦国大夫，勤勉政事。一次百里奚在家中宴请宾客，一个女佣为客人演奏歌曲，歌声委婉幽怨，耐人寻味，百里奚上前询问，方才知道原来是自己的结发妻子，由于家境贫困，遇上饥荒，带儿子外出逃荒。到秦国后听闻百里奚当上了大夫，就设法到百里奚府中当了佣人。百里奚听闻妻子的经历，两人抱头痛哭。秦穆公被百里奚的品质感动，赠予许多财宝。

4 越石授命于并阳：刘琨，字越石，西晋政治家、军事家。八王之乱时，效力于诸王，累迁并州刺史，封广武侯。永嘉之乱，坚守晋阳九载，抵御汉赵和后赵的入侵。晋愍帝即位后，拜为司空、大将军、都督并冀幽诸军事。并州被石勒攻陷后，投奔幽州刺史段匹磾，惨遭杀害。

5 袁、刘縻姓于台下：袁指袁粲，刘指刘秉，二人均为南朝宋宰相。升明元年（477 年），二人因不满萧道成把持朝政，密谋诛除萧道成，并打算据石头城发难，但最终失败被杀。

6 杨业介马以丧元：杨业本为北汉大将，宋太祖灭亡北汉后，归顺宋朝，拜为大将军。雍熙三年（986 年），随军北伐，为监军王侁威逼，毅然带兵出征，在陈家谷口力战而死。介马：给战马披甲。丧元：掉头颅。泛指献出生命。

7 余阙凭城而溅血：余阙，元朝官吏，元末大乱时率兵驻守安庆，抗击起义军。至正十八年（1358 年），陈友谅大集诸部，环攻安庆城。余阙徒步提戈，率军往救，战于清水塘，身负重创十余处。起义军从城外蜂拥而入，突然城中火起，他见大势已去，遂自刎。

［译文］

天地之气，刑罚和教化相互依存，灾祸与喜悦互相感应。甘草预兆着丰收，苦草预示着饥荒。甘甜的泉露，不会流入夏桀的池塘；日珥时的阴风，不会笼罩尧的屋宇。诚信可以换来诚信，猜疑只能换来猜疑。所以五臣、十乱、萧何、张良、冯异、邓禹等人，呕心沥血而并不顾惜生命，是因为诚信召唤他们。汉将军李广射石，虽然并不是真的老虎，但箭羽却没入石中，这是因为李广的诚心。以诚待人，小人也会洗心革面；以疑忌任官，君子也会感到心寒。所以，豫让在赵国都城吞炭使自己的声音改变，以刺杀赵襄子为智伯瑶报仇；百里奚与妻子在秦国痛哭，刘越石坚守并州，袁粲、刘秉牺牲于石头城，杨业单枪匹马战辽兵而牺牲，余阙坚守安庆而自刎。

此数子者，事二姓，弃旧君，比匪类，仕伪邦，非有皦日白水之畴昔[1]也，而一旦甘死趋祸，大贸其夙夜之狂心者，岂非任服躬而难委，诚推心以必酬者乎！故专任者不期报而报臻，疑投者不期欺而欺应矣。

[注释]

1 畴昔：往日，从前。

[译文]

以上这些人，或侍奉多个君主，或背叛旧主，或与强盗为伍，或在伪朝当官，并没有像明亮的太阳与清水一样的过往，而一旦心甘情愿，慷慨赴死，一改以往的狂妄之心，难道不是君主对他们信任使得他们难以推脱，以诚相待使他们一定要报答吗？所以说信任不图回报但可以收获回报，猜疑不希望得到欺瞒但欺瞒一定报应。

今命官之制，在外者，一县之令，丞、簿不听命焉。一郡之守，同知、判、推不听命焉。一司之使，分以左右，二参、副、佥不听命焉。文移印信，封掌押发，登于公座，唯恐长官之或偷也，而钳束之如胥吏。行未百年，法已圮坏[1]，犹使藉口公座，脱独尸之咎，疑制之患，已大可睹。又复分其屯田、水利、钱法、驿传、盐政，分为数道以制司。道立分司，督察巡守兵粮之务以制郡。巡按之使，络绎驰道，循环迭任，无隙日月以尽制之。所以制外者无遗力矣。

[注释]

1 圮（pǐ）坏：毁坏；废弛；坍塌。

[译文]

现在的任官制度，在地方任官的，县令的命令，县丞、主簿往往不听；郡守的命令，同知、判官、推官往往不听；有些部门的主管官员分为左使右使，而二参知、副使、佥判也往往不听命令。公文印信封掌和签发，都要部门官吏共同办理，唯恐长官徇私舞弊，约束长官像约束小吏一样。这种制度不到百年，法度已经废弛，人人都借口政务共议共办，以推脱自己的责任，这种互相猜疑的官员任命制度的弊端，已经可以很清楚地看出来了。而朝廷又将地方屯田、水利、钱法、驿传、盐政诸权分化，让不同的部门管理以制约郡守的权力，各道又设立各种分司，督察巡守兵粮之类事务以限制郡的权力，在驰道上，巡按之使络绎不绝，循环差遣，无时无刻不在约束着郡县。以此限制地方，可谓不遗余力。

在内者，取都督一府而五之，间以同、佥。六部卿贰[1]，或七八员。都堂、大理、通政、太仆以放，虽有长贰[2]之别，而事权散出，不受裁制。黄扉[3]论道之席，至永刊极刑以废其官。其文移印信，封掌押法，公同朝

参者犹外也，复使给谏[4]御史巡视刷卷以制之。卒有爰立大僚、边关盗贼、建置河漕、三礼疑似之事，所部不得决，又设会议、抄参、私揭以制之。所以制内者无遗力矣。

［注释］

1 卿贰：次于卿相的朝中大官。

2 长贰：指官的正副职。

3 黄扉：古代丞相、三公、给事中等高官办事的地方，以黄色涂门上，故称。

4 给谏：唐宋时给事中及谏议大夫的合称。清代用作六科给事中的别称。

［译文］

在朝廷内，将都督府的权力一分为五，又各设同知、佥判。六部侍郎各设七八名。政事堂、大理寺、通政司、太仆寺等部门，长官虽有正副，但权力被分散出去，谁也不听他们的命令。古代丞相、三公、给事中等官位也被废除，永不再设。朝廷的各种公文印信，封掌签发，全像地方官府一样由官员共同办理，再给事中、谏议大夫、御史巡视，刷上封记以防徇私舞弊。遇到任命大官、边关军情、盗贼出没、设置州县、河患漕运、朝廷祭祀等有疑义之处，主管部门不能决定，又设各种会议、抄参、私揭以约束，像这样想法设法约束朝廷官员也是不遗余力啊！

以一人敌天下之力，以一代敌数百年之力，力穷法匮，私蠹蚀[1]烂，乃使相委而谢之。非己之专也，则是开以滑避之径而绝其功名之涂也，岂不拂与！夫一职而分官以领之，连衔以辖之，所以疑制不肖也。人材之数，曰贤，曰不肖，曰中人。贤制不肖则不肖惧，不肖制贤则贤者忧，中人制不肖则恶不弭，中人制贤则善不长，贤制中人则疲于效命，不肖制中人则靡于朋淫[2]，贤制贤则意见差，不肖制不肖则声气叶。不肖惧则裂而伤贤，贤者忧则引而避不肖，恶不弭则忌惮益忘，善不长则登进无助，疲于效命则事会圮[3]，靡于朋淫则媚术张，意见差则乖左折衷，声气叶则胶固两利。然则疑制者，唯两不肖而后谐也，亦将大违其疑制之始心矣。

［注释］

1 蠹蚀：侵蚀；逐渐侵害，使之变坏。

2 朋淫：群聚淫乱。后多谓家门之内共为淫乱。

3 圮（pǐ）：毁坏；倒塌。

[译文]

以一个人力量抗衡整个天下的力量，以一代的力量抗衡几百年以来的力量，力尽法坏，私弊成灾，然而人人互相推诿，说不是自己一人的责任。由此开辟了逃避责任的途径而断绝了他们争取功名的道路，岂不与本意大相径庭吗？一个职位分成几个官员来主管，让他们互相衔接又互相统辖，是用互相猜疑制约无德之人。对于人才来说，分为贤、不肖、中等人三种，用贤者制约不肖者，则不肖者会感到害怕；以不肖者制约贤人，则贤者会感到忧虑；以中等人制约不肖者，则邪恶不会消除；以中等人制约贤人，善行也不会增加；以贤人制约中等人，则只会疲于奔命，以不肖制约中等人，则会滋生朋党；以贤人制约贤人，则会意见不合；以不肖制约不肖，会使他们狼狈为奸。不肖者害怕时会撕破脸皮，伤害贤人，贤者担忧时会主动退避以避免灾祸，恶行不消除，则恶人会更加肆无忌惮，善行得不到发扬则无助于进步；疲于奔命，则事情会办坏，朋党作祟，则媚上欺下之风兴起；意见有分歧，则会离开正道而折中；不肖者声气相投，则会使他们狼狈为奸。这种以猜疑为出发点的任官制度，只有以不肖约束不肖，才能相适应，这也与建立这种任官制度的本意大有违背。

天原道，君原天，相原君，百官原相，大哉！滂沛万登，而纲纽尺握，乃以禁制朕兆，膏泛群族也！今以天下之大，选贤简德之繁且久，不能得一二心膂之臣，任以论思，乃靳然果废其官，夫唯开业于风雨，英敏神灵者，括万几，统一心，无所凝滞。过此以往，奏报日冗，陈案日仍，晏安日藉，声色玩好、禽马柔曼，淫音幻技日进于深宫，外劳内蛊，其不折而入于中奄者，无几也。

[译文]

天本于道，君本于天，相本于君，百官本于相，这才是最好的啊！天下万事万物，只要握住尺纲寸纽，就足以统治天下，造福万民。如今天下如此之大，选贤任明的方式繁多且耗时之久，很难选拔出一两个肱股之臣，任以国事，便愤然废除丞相之职，只有在危难和艰险中开创大业的英明神武之君，总理万机，统一人心，才能无所阻碍。从此以后，朝中奏报一天比一天多，累积的案子越来越多，太平的日子一天天过去，乐声女色，禽戏纪技，靡靡之音，天天进入宫里供皇帝享乐，外事劳碌而内受蛊毒，大权能不落到宦官手中，几乎是没有的。

故胡惟庸、汪广洋之祸[1]，消于纶扉[2]，移于涓寺，而万安、焦芳、黄立极、丁绍轼[3]之徒，承颏颐[4]，奉密教于北门者，且波溶瓦散而不可救。元气痿，大务阁，民愁闾左[5]，士叹十亩，粮空于野，金蚀于藏，彼揖此让，晋□□而□之大□，可不痛与！则仁义不立，而疑制深也。

［注释］

1 胡惟庸、汪广洋之祸：胡惟庸、汪广洋皆明初重臣，后因谋反罪被处死。

2 纶扉：内阁。明清时称宰辅所在之处为“纶扉”。

3 万安、焦芳、黄立极、丁绍轼：皆明朝奸臣，以钻营而得宠。

4 颏（kē）颐：下巴和腮帮子。

5 闾左：居住于闾巷左侧的人民。一说秦时贫贱者居闾左，后因借指平民。

［译文］

所以胡惟庸、汪广洋之类的祸患，虽从朝堂上消失了，却移到太监聚集的地方。如万安、焦芳、黄立极、丁绍轼之流，秉承大宦官的脸色行事，奉密令奔行于禁宫之内，像波溶于水，瓦碎于地一样无可救药。国家元气日渐萎靡，政务无人管理，百姓发愁，士人哀叹，田野里没有粮食，钱币在仓库被蚀坏，公务互相推诿，晋□□而□之大□，难道不叫人痛心！这就是不行仁义，而互相猜忌造成的恶果。

《传》曰："贱妨贵，新间旧，小加大，逆也。"故王者制名，天下奉名，百官赴名。倒其所制，昧其所奉，贸其所赴，则将贱爵禄而重事权。爵禄者，天之秩也，事权者，上之意也。菲天秩则士薄功名，尊上意则人丧廉耻。是以王者慎名，名正则任重，任重则责隆，责隆则政理矣。今夫学士之秩，五品也，使立于九卿之上。贱妨贵，小加大，背戾凌迟者，莫甚于此！则将使天下蝻瞀[1]蝇营[2]以趋事权，而天秩之自然，荡然不可复稽。

[注释]

1 瞀（mào）：心绪纷乱；愚昧。

2 蝇营：像苍蝇一样营营往来，到处飞逐。比喻为追求名利而到处钻营。

[译文]

《左传》说："卑贱的妨害高贵的，新的离间旧的，地位低的压着地位高的，这是人们常说的逆理的事。"所以君王设立职名，天下尊崇职名，百官服从职名。如果倒行逆施，愚昧地尊奉职名，贸然地追求职名，必将使人们轻视爵禄而看重实权。爵禄是上天定下的秩序；事权是君王的意图，不重视爵禄，士人就会看不起功名，一味地尊重君王的意图，人就会丧失廉耻。所以，君王对于“名”是很慎重的，名正则责任重大，责任重大则权高势重，权高势重则政务就能处理得好。如今学士官秩只有五品，却立于九卿之上。以卑贱的妨害高贵的，地位低的压着地位高的，违反阶序者莫过于此。这将使天下小人为追求名利而到处钻营天秩之序，就荡然无可依凭了。

夫虚一品之置者，靳[1]其爱以制物也。爱以我私，而制尽人族，与仁义背驰而求治天下，亦难矣。给事、御史之秩胥七品也，给事以巡视遣，御史以巡按遣，则操六卿、两司[2]大臣之臧否[3]以乱其掌故。彼之愿职任，累岁时，登进崇阶，代天工，作民牧，其前效已可睹也。早知不能，废之而已。乃升新进，夸小臣，翻戾趾肘，使黄发卿尹呵斥所辍者，屏息蹳踵，褫绣隅坐，以承其欬笑，不亦左与！

［注释］

1 靳：不肯给予；吝惜。

2 两司：明清两代对承宣布政使司和提刑按察使司的合称。两司是一省的最高官署，布政使司管民政，按察使司管刑名。两司最高长官是布政使和按察使。

3 臧否：品评；褒贬。

［译文］

不设一品官，则吝惜所爱以限制权臣的，为了自私的目的，而想约束住所有的人，就是与仁义背道而驰。这样治理天下，实在是太难了！给事中、御史的官秩只有七品，给事中由巡视差遣，御史由巡按差遣，他们却掌握着六卿、布政使司和提刑按察使司大臣的品评大权，这也是不合历代典制的。而他们担任官职数年，就能升迁高官，代天职事，做民牧，由此而产生的后果，也和前述一样清晰可见啊。如果早知道他们不能担此重任，废除就行了。反而升迁卑微的小吏去翻查跐，使年老的大臣被呵斥得畏畏缩缩，不敢说话，脱去官服端坐在墙角听给事、御史们的谈笑，不是很不对吗？

故主贵其名，莫不贵之也；贱其名，莫不贱之也。制名以任贤能，疑名以尊意旨，浮薄长进，权藉推委，效著于偶然而垂为法制，故人纪贱而天维缺，非建国不拔之典矣。唯除疑制者不然。尊其尊，卑其卑，位其位，事其事，难其选举，易其防闲，公其心，去其危，

尽中区之智力，治轩辕之天下，族类强植，仁勇竞命，虽历百世而弱丧之祸消也。

［译文］

所以说，君主重视“名”，天下没有不重视名的，君主鄙视“名”，天下没有不轻视名的。设立“名”是为了选贤任能，猜忌“名”便会尊崇旨意，使轻薄之人大进，凭借权力互相推诿，偶然间有效的措施却变为法制，所以人间的纲纪残缺，上天的秩序崩坏，不是有助于治国的正确法则。只有废除错误的以猜忌的任官制度，让该居尊位的居尊，该居卑位的居卑，该设什么官就设什么官位，该负什么责就负什么责，增加选举的难度，放松对官员的防备，树立大公无私之心，去除猜忌，竭尽中国的智力，治理轩辕黄帝开创的天下，民族富强，仁勇尽力，即使经历几百上千年也不会出现弱国丧权的灾祸。

大正第六

王者养贤以养民，□□以配天，继于其乱，先以刑禁，继于其治，终以德化，相因小民之疾苦，则焦额焚灼，妖怨亟起，而欲望建淳和以迓祥吉者，是孽息螟而冀登嘉谷也。

昔者三五之王也，推五德[1]，承终始，其原本洒祓嬗[2]革之际，如平旦之受夜，虞渊[3]之受昼也。后世五德失坠，治无主尚，以意为轻重，至于湔[4]恶俗，拯民瘵[5]，创业中兴，莫不有彷佛之意焉。粤自成汤革夏配天，伊尹、仲虺以弼之，一德馨闻，廷野革面。不数十世而故家大族盘枕膏腴、湛溺财贿者，以乱阿衡[6]之治。故盘庚之诰曰："无总于货宝，生生自庸。"由是言之，凌迟干没，绍治而启乱者，明主所深患也。《传》曰："国家之败，由官邪也；官之失德，宠赂彰也"，可不戒与！

［注释］

1 五德：古代阴阳家把金、木、水、火、土五行看成五德，认为历代王朝各代表一德，按照五行相克或相生的顺序，交互更替，周而复始。

2 嬗：同“禅”，传位，禅让。

3 虞渊：亦称“虞泉”。传说为日没处。《淮南子·天文训》：“日至于虞渊，是谓黄昏。”

4 湔：洗，清除。

5 瘵（zhài）：病。

6 阿衡：商代官名。商汤时，由大臣伊尹掌权，商人遂以阿衡代指伊尹。

［译文］

古代三皇五帝统治天下的时候，推重五德，周而复始，终始相承。当他们遵循禅让之礼时，如同白天接替黑夜，像虞渊接受白昼一样自然。后世五德之说沦丧，，治国没有崇尚，全凭君王的意念轻重处置。至于清除恶俗，拯救百姓弊病，创业中兴，则莫不有上古圣王五德终始的遗意。自商汤代替夏朝以承天命之后，在伊尹、仲虺两人的辅佐下，以德政治理百姓，朝野面貌焕然一新。然而不过几十代时间，世家大族侵占良田，沉溺财宝，伊尹建立的德政被彻底混乱，所以盘庚的诰书告诫：“不要为自己聚敛财宝，要在民众的福利上建功立业。”由此可见，投机图利，道德败坏，继承于治世也会出现变乱，这是明君应该担忧的事情。《左传》说：“国家的衰败，来自官员的邪恶；而官员丧失道德，是由于受宠而贿赂公行。”这难道不值得警诫吗？

天以五行养万民，食于阴，饮于阳，衣被荣毳[1]，侑佐盐醴，水滋土敦，木实火调，若此者，民承养于天，无须于王者之制，而流荡生死，萦纡往来，通愚强之力，致文弱之养。金之为用，王者所加于天，以损民而益之上也。故水之德润，木之德成，土之德安，火之德化，金之德贼。

[注释]

1 毳（cuì）：鸟兽的细毛。

[译文]

天以五行生养万民，食于阴，饮于阳，衣着华丽，用甘酣美味佐餐，水滋润之，土敦重多，木宝成体，火调化性，这样，百姓得到上天的照料，不需要君王的治理，即能生死繁续，曲折往来，善用愚强之力，供养文弱之人。五行中金的作用，是君王外加于天的，以其害民而增加在水土木火之上。水德润物，木德成器，土德安民，火德化民，金德害民。

是以圣人尤难之，行于不得已而用其利，戒于祸之必尅[1]而制其贼，愚强者宝之以劝其功，文弱者贱之以杀其滥。沃以所宝，则小人和平；教以所贱，则君子强

固；此为节宣[2]五行而胜其害气也。其有不率教者，于是诃斥以辱之，裔夷以逖之，纆[3]棘以锢之，刑杀以威之。

[注释]

1 尅：同“克”，表示能够实现某种动作行为，相当于“能”。

2 节宣：或裁制或布散以调适之，使气不散漫，不壅闭。

3 纆（mò）：绳索。

[译文]

因此，圣人对金特别惧重，只有到万不得已时才利用它，同时又在克服灾祸的前提下，防范不利的一面；愚强者珍爱金，借以勉力求得成功，文弱者贱视金，希望避免使用过滥。多给他们所珍爱的东西，则小人和平；教育那些文弱者不重金，则君子能借以强固。这就是节宣五行而避免受其所害。如果有不可教化者，则当众呵斥使他们感到羞辱，或把他们远置边疆，或以牢房锁链禁锢他们，或以刑杀以威服他们。

夫王者之于万姓，视犹一父之子也。其聪明文辨、便数强固者，亦克家当户之子也，则岂不惨怛[1]割裂、涕洟[2]于刑戮之加哉！而其受五行之贼，犯王者之贱，越辐败轨，沈没淫滥，螟螣[3]细民，愁痛孤寡者，则尤恝然[4]其忍之。《诗》曰："去其螟螣，及其蟊贼，无害我田穉[5]，田祖有神，秉畀炎火"，言远害也。

[注释]

1 惨怛（dá）：忧伤，悲苦。

2 涕洟（tì）：眼泪和鼻涕。涕泪俱下；哭泣。

3 螟螣（míng tè）：两种食苗的害虫。喻为害人民者。

4 恝（jiá）然：漠不关心，冷漠。

5 田穉（zhì）：秧苗

[译文]

君王对于百姓，就像父亲对待子女，那些聪明才辨、坚毅顽强的人，就好像一家中继承家业、主持门户的长子一样；对于刑罚、杀戮，岂不感到忧伤、悲痛，痛哭于此？而对于那些受五行之害，触犯君王法律，破坏三纲五常，沉浸于放荡之中，害人害民，欺压孤儿寡妇的人，又怎忍漠不关心呢？《诗经》中说道："除掉食心虫食叶虫，还有那些咬根咬节的虫子，不教害虫祸害我的嫩苗！祈求田祖农神发发慈悲吧，把害虫们付之一炬！"说的就是要除去灾害。

今夫农夫泞耕，红女寒织，渔凌曾波，猎犯鸷兽，行旅履霜，酸悲乡土，淘金、采珠、罗翠羽、探珊象，生死出入，童年皓发以获赢余者，岂不顾父母，拊妻子，慰终天之思，邀须臾之乐哉！而刷玄鬓，长指爪，宴安谐笑于其上者，密布毕网，巧为射弋，甚或鞭楚斩杀以继其后。乃使县罄在堂，肌肤剟削，含声陨涕，郁闷宛转于老母弱子之侧，此亦可寒心而栗体矣。

[译文]

如今农夫耕于泥泞，工女织于寒冬，渔夫在层叠的水波中打鱼，猎人与猛兽搏斗，行人踩踏霜地，背井离乡，心感悲痛，淘金者、采珠者、捕翠鸟者、寻珊瑚象牙者，出生入死，从儿童一直工作到老年，只为获得一些盈余，他们难道不想照顾父母，安抚妻子孩子，以慰藉终身的思念，而去求片刻的欢乐吗？而那些染黑头发，修长指甲，安逸嬉笑地安居在黎民之上的人，密布罗网，巧设陷阱，千方百计残害百姓，甚至动用刑具。于是百姓一无所有，怨痛涕泣，凄厉委屈于老母弱子身边，这真叫人心肝胆寒啊！

而以是鼓声名，市奏最，渔猎大官，虺封[1]门荫，层累封埏，以至于无穷，则金死一家而害气亦迸集焉。夫故家名族，公卿勋旧之子孙，其运数与国家为长短，而贼害怨咨之气偏结凝滞，则和平消殒，倾否折足，亦甚非灵长之利也。即或狼藉著见，挂吏议，左降[2]褫锢[3]者，犹衔舟络马，飞运以返乡里，有司宾之，乡社祝之，闾里[4]畏之，广顷亩，益陂池[5]，敞榭邃房，鼓钟妖舞，舂容[6]鱼雅以终其天年，锢石椁，簪翁仲[7]，梵呗[8]云潮以荣施于重泉之下。而游佻公子，发其赢余，买越娃，拥小史，食游客，长夜酣饮，骤马轻纨，六博[9]投琼[10]而散犹未尽。亦恶知向之朘削零丁者，已灭族斬胤于塞阡、荒壑之旁也！岂不痛与！

［注释］

1 貤（yì）封：旧时官员以自身所受的封爵名号呈请朝廷移授给亲族尊长。

2 左降：贬官，多指京官降职到州郡。

3 褫（chǐ）锢：剥夺禁锢。

4 闾里：里巷；平民聚居之处。

5 陂（bēi）池：池塘，池沼。

6 舂（chōng）容：声音悠扬洪亮。

7 翁仲：传说秦始皇初兼天下，有长人见于临洮，其长五丈，足迹六尺，仿写其形，铸金人以象之，称为“翁仲”。

后指铜铸或石雕的人像。

8 梵呗：佛教谓作法事时的歌咏赞颂之声。

9 六博：古代一种掷采下棋的比赛游戏。

10 投琼：掷骰子。

[译文]

而靠这些求名声，卖奸巧，窃取大官的人，恩荫门第，逐渐累加，代代相传，以至无穷无尽，而金之凶恶之气亦常集聚这些家庭。世家大族，公卿贵族的家庭，他们的运气和国家命运紧密相连，祸害怨恨之气聚集于此，则和平消失，丧乱折足，不是长远的利益啊！即使是罪行败露，被处分、被贬官之人，仍然舟车相连，络绎不绝而归乡里，官府把他们当作宾客对待，乡社把他们尊为望族，百姓仍然畏惧他们。他们兼并土地，占据池沼，建立高第台榭，终日音乐舞蹈做伴，雍容畅达，气气派派地终老；然后修筑石椁石墓，铸造高大的铜像，僧人作法事的歌咏赞颂之声超度亡灵于九泉之下。至于他们家的纨绔子弟，用祖辈积累的财物，买美女、置仆役、养门客，终夜欢饮、飞马丽服，赌金博银仍不致破家，也不知过去被剥削的百姓，已被灭族在荒山野谷中，这种现象真是令人痛心啊！

赵宋之有天下也，解散法禁以惑媚强智，而苟固其

位者，可谓泰矣。然京朝长吏以赃贿败者，其刑大辟，岁论决若而人无所赦。法合世重，惠逮孤寡，以振起五代之残刘者，有足重焉。降及太宗，减大辟流沙门岛，而滥觞起矣。真宗以还，复减流岛之科，刺配腹里军州；天书降赦而后，此法愈减，贪墨跋扈，运鬐[1]尺水者，恣无所恤，而蔡京、王黼、韩侂胄、贾似道之流，鸣上风以登飞鸟之音矣。

[注释]

1 鬐（qí）：马鬃，马颈上的长毛。

[译文]

赵宋刚得天下的时候，解除对官员的禁令以迷惑他们，让他们苟且保住地位，这可以说是很宽大的。然而朝廷官员因贪污纳贿败露者，要处以死刑，每年处决囚犯时，没有一个可以被赦免。这种做法非常适合当时社会情况，利于百姓，对于革除五代以来贪残刻剥的弊病，有举足轻重的意义。到宋太宗时，把官员犯赃处死刑改为流放沙门岛，于是贪赃之风又起。到宋真宗时又将流放改为刺配内陆州县。诏书降赦之后，刑罚不断减轻，贪赃跋扈，舞弊于寸权者，更无所顾忌，而蔡京、王甫、韩侂胄、贾似道之流，竟然能凭借地位爬上号称凤池的宰相之位。

鞑靼九十年间，其狼戾睢嘬[1]者，不仅在阿合马、桑哥[2]之尤著。太祖起田间，尤惨其所为，故刑法严厉，夷风以革。数传而后，仅以大计褫削当炎火迎猫[3]之刑，无惑其裂廉隅而莫惩也。律法监临主守盗公物盈贯以上，积至死罪，而敕使、守臣、郡邑之长猎部民极钜万，不以抵辟。绎成汤之责，寻仲虺之言，亦已悖矣。《诗》云："君子如怒，乱庶遄沮。"承贪乱之余，不以刑辟整绝之，未有能齐壹天步，柔辑惸独[4]者也。

[注释]

1 嘬：chài。

2 阿合马、桑哥：皆为元朝大臣。

3 炎火迎猫：炎火，取《诗经》中把害虫弃之炎火之意；迎猫，民间有迎猫神灭鼠之俗。泛指重刑。

4 惸（qióng）独：孤苦伶仃的人。惸，同"茕"，孤单；孤独。

[译文]

元朝统治的九十年间，凶狠暴虐，有如毒虫一般，贪残百姓，不仅仅是在阿合马、桑哥时最严重。明太祖起自民间，深知其危害，所以对官员施以严刑峻法，风气因此改变。几代以后，仅以官吏考核时革职代替原来的重刑，无怪乎廉政之墙破裂而无法修补啊！根据法律，官员监守自盗公物一贯以上，就该死罪；而刺史、守臣、郡邑长官对辖下百姓剥削甚重，不判处死罪来抵偿，就是用商汤之责，借仲蔑之言（指仲孙蔑，春秋鲁贤臣）也已不符合了。《诗经》中说："君子闻谗如怒责，祸乱很快就会停。"在贪乱之后，不以重刑禁止，就没有能稳固国运、怀柔孤寡之人。

天地之奥区，田蚕所宜，流肥潴聚，江海陆会所凑。河北之滑、浚，山东之青、济，晋之平阳，秦之泾阳、三原，河南大梁、陈、睢、太康，东傅于颍，江北淮、扬、通、泰，江南三吴滨海之区，歙，休良贾移于衣冠，福、广番舶之居僦，蜀都盐、锦，建昌番布，丽江氂氈[1]金碧所自产，邕管、容、贵稻畜滞积，其他千户之邑，极于瘠薄，亦莫不有素封巨族冠其乡焉。

［注释］

1 氈（zhān）：同"毡"，毡子。用羊毛等碾轧成的片状物。

[译文]

天地之腹地，适合植桑养蚕的，都是土地肥沃，江海陆路汇集的地方。河北的滑州，浚州，山东的青州、济州，山西的平阳、陕西的泾阳、三原，河南的大梁、陈州、睢州、太康，东边依附于颍河；江北淮州、扬州、通州、泰州，江南三吴滨海地区，歙州、休州善于经营的商人都比衣冠仕宦之族更加显赫；福州、广州，是来华外国商船的集居之地；蜀都的盐、锦，建昌的番布，丽江盛产优质毛毡，邕州、容州、贵州稻米、畜产很多。其他一千户的县，即使非常贫穷，也都有达官贵族出于乡里。

此盖以流金粟，通贫弱之有无，田夫畦叟，盐鲑布褐，伏腊酒浆所自给也。卒有旱涝，长吏请蠲[1]赈，卒不得报，稍需日月，道殣相望。而怀百钱，挟空券，要豪右之门，则晨户叩而夕炊举矣。故大贾富民者，国之司命也。今吏极亡赖，然朘刻[2]单贫，卒无厚实，抑弃而不屑，乃藉锄豪右，文致贪婪，则显名厚实之都矣。以故粟货凝滞，根柢浅薄，腾涌焦涩，贫弱孤寡佣作称贷之涂窒，而流死道左相望也。

[注释]

1 请蠲（juān）：请求免除田赋。

2 朘（juān）刻：克扣；搜刮。

[译文]

这都是因为金谷流通，贫弱得以交换有无，农夫菜农、鱼盐布衣、节日酒浆，均能自给自足。遇到旱涝，长官即请求免除田赋；若不能及时上报，或稍微耽误一些时间，则路上饿死的人很多。而如果拿着一百钱，带着钱券，到富贵之家请求买粮，则早晨敲门晚上便有饭吃。所以说大商人和富裕之民，可谓是掌管国家生命的神。如今官吏德行败坏，剥削穷苦百姓，所得无几，这些他们不屑费力，便借铲除豪右，掩盖贪婪的目的，名扬富庶之城。因而，四方粮米货物不得流通，根柢浅薄，物价胜涌跌落无常，贫弱孤寡庸耕借贷的路没有了，而流亡死于道路者相望不断。

汉法：积粟多者得拜爵免罪，比文学孝秀，今纵鹰鸷攫猎之，曾不得比于偷惰苟且之游民，欲国无贫困，以折入于□□，势不得已。故惩墨吏，纾富民，而后国可得而息也。《易》曰：“观。盥而不荐，有孚颙若。”阴长于下，连类遂志，刑害阴私，贪吝污鄙，偪[1]天位而无忌，故圣人神道以示观。退省其躬，行不言之教，成加民之治，故曰下观而化，慎所示也。

[注释]

1 偪：同“逼”，迫近；靠近。

[译文]

按汉代的法律，积谷多的可封授官爵并且免除罪责，就像当时的文学孝廉一样。如今放纵鹰犬把富豪都捕猎殆尽，让他们连偷安怠惰、游离失所之人都不如，要想国家消除贫困，以折入于夷狄势不可能。所以严惩贪官污吏，使民殷富，之后国家才可安宁。《易经》中说：“观看了以香酒灌洒在地面上而迎接神明，而不再观看向神奉献祭品的过程，因为内心已经充满了诚敬肃穆。”阴长于下，结果为乱，刑害阴私，贪吝污鄙之徒，冒犯天位而无所顾忌，所以圣人设神道以使民观其盛德。退而自省，施行无言的身教，实现对百姓的治理，所以称为“下观而化民”，这是重视君王榜样的作用啊！

明兴，家法忠质，宫庭洁清，无别馆、离宫之崇饰，龙舟、步辇、驰道旁午之游观，无置骑、飞舸、千里割鲜、铜狄花石之供，无算车、料产，均输、酒酢、香药、子母责息之利谋，观道尽矣。而贪沿下游，极重不复者，法教不施而风俗苟简也。州县之制，以差选人者，唐、宋分畿、赤、次、雄、望、紧、上、中、下，凡九等，以分别资格，升降除擢而止。

[译文]

明朝初兴时，家法忠厚质简，朝廷清廉，没有别馆、离宫的夸张装饰，也没有乘龙舟、步辇，沿驰道四处游览，没有置骑、飞舟、千里鲜牲、铜人花石的供奉，没有车税、产税、均输、酒税、香料等子母计息之类的谋利，可观的教化之道备至。而贪婪之风，积重难返，是因为法令教化不实行，而风俗草率因循啊。州县用以区分选拔官员的品评制度，唐、宋分为几、赤、次、雄、望、紧、上、中、下共九等，以区别官吏任用资格，便于升降差任。

今吏部之注府州县，分系以瘠、饶、淳、顽，进士、乙科、乡贡、任子视以除授，则将部、台、藩、臬、分司岁时、生辰、荐奖之苞苴[1]视以厚薄，钦使往来，供亿、劳贿、车船之悉索视以苛简，而长吏之干没其民者亦将视以裒益[2]，胥上下之耳目交注于淳饶，而其惫可知也。抑县垂格范，为割蜜分羹不刊之则，固授之以亡廉销耻之术迳矣。

[注释]

1 苞苴：用苇或茅编织成的包裹鱼肉之类食品的用具，馈赠的礼物。

2 裒（póu）益：减少和增加。

[译文]

如今吏部差任州县官吏，分别以瘠、饶、淳、顽、进士、乙科、乡贡、恩荫来差任，依部、台、藩、臬司、分司岁时、生辰、荐奖的贡礼区分人品厚薄，把钦差往来，供应、劳费、车船之类当为政苛简与否的证明，而长吏中那些贪赃害民者，亦将按以上条件升迁，使得上下都注意着那些民俗淳厚、地域富饶的地方，这种差任方法的弊病是显而易见的。把为民作榜样的官职，贬低成分蜜分羹的无形等级，等于教官僚们不顾廉耻啊。

古者未命之士，食如其力，等而上之，亚于国君，位次升，禄次腆，车乘家老次备，赠答宴祭次隆。故延州投缟，子产献紵[1]，足于己而无籍于物也。今万户之邑，十万之都，皆古诸侯之治也。稍给禄养，不逮家臣。居禁掖，登小卿者，劣食十口，宾客服佩之不给。郎官冗散，称子息，仰给责家，指拟差遣外除以售所贷，而子弟横乡里，尸狱讼，以仅完田庐。徒广其科目，易其升擢，博置员额，以诱其仕心。禄入已菲，米钞又折减其什五，率天下养百官而不足，纵百官食天下而有余，此何异饥鹰以攫雉兔乎！

[注释]

1 延州投缟，子产献纻：《左传·襄公二十九年》记载，春秋时，吴国公子季札出使郑国，见到郑国相国子产。二人一见如故，谈得十分投机。分别时，季札送给子产一条缟带，子产赠给季札一件麻衣，彼此建立起深厚的友谊。延州：季札受封于延陵，史称延陵季子。

[译文]

古代没有被任官的士人，需要自食其力，按某一等次，由此再往上，一直到仅次于国君。随着地位的提升，俸禄逐渐增加，车乘、家僮老仆逐级增多，赠送酬答，举办宴祭的规模也越来越大。所以季札投缟，子产献纻（《左传》襄公二十九年，季札到郑国访问，以本国很贵的缟相赠子产，郑以为贵，子产以回赠，表示损己而不从对方贷利），只是想表达敬意而不是借财物达到任何目的。如今万户之县、十万户之城，都相当于古代诸侯国管理的国家，但官员俸禄微薄，比不上诸侯国的官员。在朝廷当官，只能勉强养活十口人，出门当宾客的衣服和佩饰都置办不齐，郎官和无固定职守的散官要靠借贷生活，指靠外遣到地方做官来偿还利息。而官僚子弟，横行乡里，包揽狱讼，才仅能保住家产。徒然扩大科举录取科目，轻易升官，增加录取人数以引诱人们当官，俸禄本就微薄，米钞折算时还要减去一半，以天下养百官还显得不足，怂恿百官蚕食天下却有余，这与让饿鹰去捕野鸡野兔又有什么区别呢！

请罢劝贪之的，革饶瘠之目。除授之别，以轻、重、边、腹差等其资色，而禄石、傔从、薪马、紵丝、公私宴答之给，授以本色而丰溢之。不率，则刑辟拟其后，而无仁恕之歉也。比国家之加惠缙绅者，下逮休废，尤为沦洽。起废员，晋勋阶，有大庆则播为恩例。其非制科、不登五品者，宾于乡饮酒礼。而髦荒畜厚之家，迹绝金闺[1]，犹走谒[2]要津[3]，窥倖庆典。清白悬车者，复恬静白遗恩外。

[注释]

1 金闺：指金马门。亦代指朝廷。

2 走谒：前往拜见。

3 要津：要路。常指显要的职位、地位。

[译文]

应废除这种劝贪的任官制度，革除差官时的富饶、贫瘠这两条。差官的差别，只按轻、重，边疆、内陆来区分，而俸禄、仆从之费，薪马、丝绸、公私答宴之需，都发给实物而富足有余。如果官员不服从，就处以刑罚，君王就没有不仁恕的遗憾了。之前国家对士大夫的优待，包括免官、退休，都特别周到。起用废员、晋升勋阶，每逢大庆典礼则宣示恩德颁布特别条例，那些不是制科出身、没有当过五品官的人，按乡饮酒礼中的贵宾对待。平贱但富贵之家，虽然从未有人当官，仍然授予官职，窥视庆典。清白悬车的退休官，却安静自处恩礼外。

抑褫夺、靡戍，狼藉，簄[1]脱之寒灰，晋与饮礼，终日百拜，清酒九酳[2]，习为优戏，荣施愚目，而自好者莫不非笑之。今为之定制，诸非居任以廉最者，虽边功建言，不得与起废晋阶之科。其尤沉没之伦，遇乡饮酒，齿之下座以折辱之。而告老闲住者，买声色，教歌舞，广亭榭，不以俭率子弟，所司岁具上闻，追还封诰，齿于僇民[3]。帛镪终于在笥，桑榆鉴于□□，斯不肖销心而贤廉得意，亦移风振俗之一道也。

[注释]

1 簄（hù）：在江海中捕鱼的竹器。

2 酳（yìn）：古代宴会或祭祀时的一种礼节。

3 僇民：当加刑戮的人。后泛指罪人。

[译文]

而削夺官职，败军之将，贪婪失职之类罪人，却能参加乡饮大礼。终日百拜，清酒九献。观赏优戏，荣誉加于愚昧之人，洁身自好者无不笑话。如今到制定规定，如果官僚在任不清廉，即使立有边功、建有大计，也不得参加起废晋阶之科。对于极端贪浊沉沦的人，遇乡饮酒礼，要让他们坐在下座以羞辱他们。而告老闲住的官僚，如有买声色歌妓、教歌舞、广建亭榭、不以勤俭教导约束子弟者，官府要每岁向上级报告，追夺他们的封诰，把他们列入罪民。让钱帛保存在官里，桑榆鉴于□□，使不肖之徒洗心，而贤能廉明之人得意，这也是移风易俗的一种方法。

学校者，国之教也，士之所步趋而进退也。比者邑置郡设，鸣琴释菜[1]，虚器[2]岁修，官掌故者垂老气尽，渔猎生徒。学使奖行绌劣，率一二人，视掌故郡邑之喜怒，士之诵习帖括[3]者，固已羔雁[4]视之，寓目横经[5]，则朵颐温饱。廉耻风衰，君师道丧，未有如斯之酷烈也。今即旦暮不能废隋、宋之格，而稍涤正之，尤当以行相参，定其殿最，如较文之等。

[注释]

1 释菜：古代入学时祭祀先圣先师的一种典礼。

2 虚器：有其器而无其位。意谓形同虚设。

3 帖括：唐制，明经科以帖经试士。把经文贴去若干字，令应试者对答。后考生因帖经难记，乃总括经文编成歌诀，便于记诵应时，称“帖括”。

4 羔雁：小羊和雁。古代用为卿、大夫的贽礼。

5 横经：横陈经籍。指受业或读书。

[译文]

学校，是国家教育人才之地，士人在这里一步步成长而进退。近来州县都设学校，鸣琴行释菜尊师诸礼，每年都徒具形式，掌管教育的都是些垂老气尽之人，竟在学校中渔猎生徒以取赃利。学使对生徒的奖行黜劣，每年只一二人，全凭学官和州县官的喜怒。士子诵习贴经的，固然看作敲门砖，寓目经书，只为了小足温饱。廉耻之风衰颓，君、师之道丧失，没有像学校这样严重的。如今即使一朝一夕无法废除隋、宋科举之法，也要稍微作些纠正，特别应当以德行作为选汰条件之一，决定取舍，像比赛文字一样。

州、县之长，超乙科，廉静文弱，才不任剧者，改邑教授[1]；郎、舍、守、令起制科者，改郡教授。晋其秩如先所任，纪其教成，以为礼曹、太常、国子、学使之选。或乡老休致者，郡邑得聘领之，为之授兼经，讲正学，考内行，辨同异，究性命。举于乡者，不通四民[2]之旨，及因缘长吏，与闻狱讼者，学使犹得按而黜之。

[注释]

1 教授：学官名。宋代除宗学、律学、医学、武学等置教授传授学业外，各路的州、县学均置教授，掌管学校课试等事，位居提督学事司之下。元代诸路散府及中州学校和明清的府学亦置教授。

2 四民：士、农、工、商。

[译文]

州、县长官，出身乙科，廉静文弱，才能不胜任大事者，可改任县学教授。郎官舍人、郡守、县令出身制科者，才能改任州学教授。晋升教授之职，如他们先前所任的官阶一样，待他们能完成教育人才的重任之后，可以让他们升任礼部、太常寺、国子监、学使之类职务。若他们退休之后，州县可聘任他们担任讲经、讲正学、考内行、辩同异、探究性命学术的工作。举荐于乡里的教师，若不通士农工商之理，或因为勾结官吏、包揽狱讼者，学使可按察罢黜之。

以需数十年之后，廉耻厉，行检修，学术正，然后革词章，慎乡物，较隋、宋，媲庠序，虽有泛驾[1]之士，亦戒足沉溺而正衿稜觚[2]矣。故王者养贤以养民，□□以配天。继于其乱，先以刑禁；继于其治，终以德化。相因小民之疾苦，则焦赪[3]焚灼，妖怨亟起，而欲望建淳和以迓祥吉者，是孳息[4]螟蠓而冀登嘉谷[5]也。

［注释］

1 泛驾：翻车。亦喻不受驾御。

2 稜觚（léng gū）：觚棱。殿堂屋角的瓦脊。因其呈方角棱瓣之形，故称。

3 赪（chēng）：同“赪”，红色。

4 孳（zī）息：繁殖生息。

5 嘉谷：古以粟（小米）为嘉谷，后为五谷的总称。

［译文］

只需几十年之后，便可达到士人知廉耻，知修养行检，学术归正道。然后革除辞章之选，慎选于乡里，这与隋、宋的学校相比，虽然仍不免有浮浪之士，也足以使他们警戒沉沦而促使他们遵守礼教走向正路了。所以说为圣王者养贤以养民，□□以配天。鉴于天下之乱，先用重刑禁止，继于治世，终以道德教化。假如让百姓仍然受苦，则将焦额再焚，妖怨四起，如此却希望建立淳和以迎吉祥，正像是繁殖螟虫而希望获得五谷丰收一样啊。

离合第七

天地之气，辅其自然而循其不得已。辅其自然故合，循其不得已故离。是故，知天地之昼夜者，可与语离合之故矣。

中区之间，轩辕所治，大禹之所经维，起勾注之西，迤石梯，画黄河，东逾白登，阻桑乾，复山叠嶂，界以野狐、居庸二翮[1]之险。极东尽渝关，凭海阳。其外乱岫荒原，丰草大泊，曾冰酷寒，毛革酪乳之乡，殊形诡嗜，以讫北维之丘。西自黄甫川阻奢延之水，度盐池，跨南河，有贺兰、燕支、车箱、雪山之险，以西极乎青海黑水，逆流而南，放乎湟、洮。其外平沙朔野，横吹万里，间以西戎。

［注释］

1 翮（hé）：鸟的翅膀，喻高险。

［译文］

华夏神州，是轩辕黄帝曾经统治过的地方，是大禹曾经治理过的地区。西起勾注之西，经石梯，沿黄沙东过白登、桑干河，山峦层叠，以野狐、居庸二险关为界，最东到渝关，临渤海之阳；界外乱山荒原，丰草大湖，冰厚酷寒，是盛产毛革乳酪之乡，人物形貌、习惯皆与内陆不同，一直到北方天边为上。西自黄甫川、隔奢延水，渡盐池，跨过南河，有贺兰山、燕支山、车箱山、雪山之险，最西一直到青海、黑水，逆流向南，再到惶州、洮州；其外是平沙蔽野，万里羌笛横吹，居住着西戎。

积石而南，西倾、三危、乌桄、太白、岷、嶓、严道、越嶲、峨、崃，经脊地岫，峻削崩奔。其内羌、沔、大江、若、沫支流倾润乎中国。其外县絙流沙，赤土头痛，积雪夏飞之野，戒以碧目黧面[1]剪发环耳之俗。滇诏之西，金沙、潞江、麓川之水，羊肠盘曲，南结以护嶍、岷之塞，放特磨，界交趾，以络乎广右。其南则邕部、百粤、铁围、鬼门、狼夷高髻藤笠之族，东被而尽乎海滨。

[注释]

1 黧面（lí）：污黑的脸。

[译文]

积石向南，西倾、三危、乌桄、太白、岷、嶓、严道、越嶲、峨眉山、邛崃山条条山脉，山峰格外陡峭，其内有羌河、沔水、长江、若水、沫水支流，流向中州地区；外部皆是悬绠流沙和赤红土，气压低得令人头痛，盛夏积雪纷飞之地。当地人碧眼珠、黑面孔，有剪发和戴耳环之风俗。昆明、南诏以西，金沙江、潞江、麓川诸水，羊肠盘曲，南流以护峰、岷山之塞，直到特磨再与交趾分界，蜿蜒至广西。南部是邕部、百粤、铁围、鬼门、狼夷等戴藤笠、梳高髻的部族。东部延至海边。

渝关以南，巨浸浮绝，潏[1]沸渟泊，南历沭榆、之罘、琅琊、海门、三江、舟山、雁荡、霍童、紫帽、甲子之门，罗浮、七星以柱南维。过崖、硇而西，接合浦而界以日南。其他东辽水，北开平，西瓜、沙，南哀牢、缅甸、交趾北户之乡，盖中区之余气也。崇峦沓嶂以垣结之，沙衍茅苇以纷披之，绝壁潟涧以沟画之，瀚海尾闾以凝荡之。其中带束脉绕，搏聚约固，寒暑相剂。言语相译，形象相若，百谷相养，六畜相字，货贝相灌，百川流恶，群山荫夕以翕成乎中区之合，自然之合也。

［注释］

1 潏（yù）：水涌出的样子。

[译文]

渝关以南，巨海汪洋，浪涌滔天，南经沐榆，芝罘、琅邪、海门、三江舟山群岛、雁荡山、霍童、紫帽、甲子之门和罗浮、七星到达南部边境，过崖，向西，接合浦，而以日南为界。其他东部辽水，北部开平，西部瓜州、沙州，南部哀牢山、缅甸、交趾北户之地，都是中国的余气所在。崇峦叠嶂像城垣一样，与它们连接在一起，沙漠茅草芦苇纷披，绝壁深涧相隔，瀚海大洋相望。中国之内，带束脉绕，围聚约居，寒暑以相调剂，言语相通译，形貌相似，百谷相互生养，六畜相互繁育，货币相互流通，百川流尽恶污，群山包容落日，由此构成中国之“合”，这是自然之合啊。

天地之气，辅其自然而循其不得已，辅其自然故合，循其不得已故离。是故知天地之昼夜者，可与语离合之故矣。行其不得已，知其有离，不得已者抑自然之所出也。而后统以三条[1]，分以两戒[2]，郭景纯、僧一行、朱元晦[3]之说由此其选焉。

[注释]

1 三条：古人把中国地形三大山脉走向称为三条，即南条、中条、东条。

2 两戒：唐代僧人一行提出中国地理以青海、陕北、山西、河北、辽宁为北戎，以四川、河南、湖北、湖南、江西、福建为南戒。

3 郭景纯、僧一行、朱元晦：郭景纯，指郭璞，字景纯。两晋时期文学家、训诂学家、风水学者。僧一行，唐代僧人一行，著名天文学家。朱元晦，指朱熹，字元晦，南宋时期理学家、哲学家、思想家、政治家。

［译文］

天地之气，依靠自然并且是不得不然，依靠自然称“合”，不得不然称“离”，因此，知天地有昼夜之理的人，可与他们讲离合的原因。凡事有不得不然的规律，所以有离。所谓不得不然之理，其实也是本于自然之规律。所以要以三条统之，以两戒分之。郭景纯、僧一行、朱元晦的理论就是从这里来的。

中区之形，首建乎西北而穷乎东南，支山自主，支水自戒，文武自俗，阨塞自理。大河中画，北燥南润。火故润之，水故燥之，天地所以节阴阳也，而遂有不相需之时，以成南北。河北则桑干以南，恒山之支，历井陉、少山、黑岭、伏牛、羊头，峙以太行、王屋，穷于中条，委于河，而太行之东，淇、洹、漳、滆凑山东

者，成为一区。

[译文]

中国的地形，自西北而至东南，一条条山脉耸立，一条条江河分界，风俗有文有刚，隘塞自然合理。以黄河作为中间分界线，北方干燥，南方湿润，南方属火故天使其湿润，北方属水故天使其干燥，这是天地用来调节阴阳的，因而有不一样之时令，形成了南北的区别。河北指桑干河以南，恒山支脉，经过井陉，少山、黑岭、伏牛山、羊头山与太行山、王屋山相峙，南到中条山，至黄河北岸；而太行山之东，淇河、洹河、漳河、渭河（沙河）等汇于山东者，成为一个地区。

河右则割黄流，浥秦川，南穷于褒、斜者，或稍與山西合而离乎！河山以东，河南则出潼、殽、嵩、少、熊耳、桐柏之山，东延成皋，南间平靖、黄土、木陵、岐岭，结为潜、霍之岳，以渐乎江，是大江之所守也。江南则岷、峨南垂，放泸水以北，迳牂牁，出夫夷，东被衡山，以尽乎彭蠡，而上庸之北，障以武当，沿沔而西，北极武关，萦纡汉中，限以大散，南赴荆门、归峡，穷于沅、酉，江东浙岭、浙江分以太湖。

[译文]

河右地区则是过黄河，下秦川，南至褒、斜，与山西或离或合。河山以东，河南则出潼关，淆山、嵩山、少室山、熊耳山、桐柏山，东到成皋，南连平靖关、黄土关、木陵关、岐岭，连接灊山、霍山，以临长江，是长江的依靠。江南则有岷山、峨眉山南伸，沿泸水向北，经牂牁，出夫夷，东越衡山，以至彭蠡。而上庸之北，以武当山为屏障，沿沔江向西北到武关，绕于汉中，至大散关南向荆门归州、峡州，至沅州、酉阳。江东以太湖为界分为浙岭和浙江。

闽有武林、仙霞、杉关之隘。粤有五岭、泷水、秦城、潭中之塞。若此者，旁条畦列，亦乘天地之间气，率以为离也。间气际离，纯气际合。合气恒昼，离气恒夜。无平不陂，无往不复，否泰之所都也。虽然，亦存其人焉。昔者轩辕之帝也，上承羲、炎，下被有周，敦亲贤，祚神明，建万国，树侯王，君其国，子其民，修其徼圉，差共政教，顺其竟緑，乘其合，稍其离，早为之所，而无夸大同。

[译文]

福建有武林、仙霞岭、杉关之关隘。广东有五岭、泷水、秦城、潭中等要塞。如此之类，像田畦一样条条陈列，亦是乘天地之间气，都属于“离”。间气导致“离”，纯气导致“合”，合气属于昼，离气属于夜。无平不陂，无往不复，太平和变乱都是这样产生的。这些虽说是天意，动静之间仍是有人的作为在其中的。古代的轩辕黄帝，上承伏羲炎帝，下传夏商周，礼遇亲贤，敬神明，建万国，立诸侯，为其国君，治其臣民，修边防城池，实行各种管理和教化措施，顺应臣民的要求，乘其“合”，理其“离”，早为他们安排好一切，而无愧于大同。

然后总其奔奏，戴其正朔，徕其觐请，讲其婚姻，缔其盟会，系以牧伯，纠以州长，甥舅相若，死丧相闻，水旱相周，兵戎相卫，仕宦羁旅往来，富贵相为出入，名系一统，而实存四国。此三五之代寓涣散于纠缠，存天地之纯气而戒其割裂，故气应以正而天报以合，数千年之间，中区之内訚訚[1]如也。

[注释]

1 訚訚（yín yín）：说话和悦而又能辩明是非；繁荣。

[译文]

然后总理天下奏请，统一天下历法，接受诸侯的朝觐，请求其婚姻之礼，主持其盟会之约，委任牧伯，派遣州长，使他们与中央像舅甥关系一样，死丧互相吊唁，水旱灾情互相救济，军队互相配合防卫，官宦互相往来，财富彼此流通。名称虽然为大一统，实际四周小国并存，这是三皇五帝时代把涣散的四周小国联系在一起，保存天地之纯气而防止分裂的方法。因为这是正当的“纯气”，所以天报之以合，数千年之间，中国之内太平繁荣。

秦、汉以降，东南壹尉，西北均候，缀万国于一人之襟，而又开河西，通瓯骆，郡朱崖，县滇笮，其合也泰焉。物不可以久合，故河山条派奇杰分背之气，率数百年而一离。建安[1]以后，裂为七八而离为三。太康[2]合之，未百年而又离，播为十六。宇文[3]、高氏[4]稍合，而别于江左者终离为三。开皇[5]合之，未三十年而又离，以逮乎武德[6]而后，合者几三百年。天宝[7]乱而河北小离，广明[8]乱而并晋、大梁，幽镇、吴越、闽广、荆湖、两川之草据者不胜离也。

[注释]

1 建安：东汉献帝刘协的年号，196年—220年。

2 太康：晋武帝司马炎年号，280年—289年。

3 宇文：宇文泰，鲜卑族，西魏政权实际掌权者，北周政权的奠基者。

4 高氏：高欢，东魏权臣，北齐王朝奠基人。

5 开皇：隋朝开国皇帝隋文帝杨坚年号，581年—600年。

6 武德：唐高祖李渊年号，618年—626年。

7 天宝：唐玄宗年号，742年—756年。

8 广明：唐僖宗李儇年号，880年—881年。

[译文]

秦汉以后，东南同辖于一个军事长官，西北同属于一个官僚治理，把过去的万国都统归一个人领导，而又开河西，通瓯骆，在朱崖设郡，在滇筰设县，其“合”也很稳固。物不可以久合，因而河山走向条派分背之气，约几百年有一“离”。东汉建安以后，国家分裂为七八而归为三国，西晋太康年间合而为一，未满百年，又分裂为十六国。北齐高氏，北周宇文氏使北方部分统一，却一直与江南王朝形成三分之势，隋文帝开皇时统一天下，未满三十年又天下大乱。及唐高祖武德年间统一之后，统一近三百年。玄宗天宝之乱使河北小分裂，信宗广明之乱使太原、开封、幽镇，吴越、闽广、荆湖、两川割据者数不胜数。

雍熙[1]合之而燕、云终离，未二百年而卒离为二。鞑靼驱除其离，以授其合于洪武[2]。祥兴[3]以后，中区之气，永合于兹者四百载矣。是故合极而乱，乱极而离，离极

而又合，合而后圣人作焉。受命定符，握枢表正，以凝保中区之太和，自然之节，不得已之数也，天且弗能违，而况于人乎！故太史儋[4]曰："始秦与周合而离，离五百岁而复合，合七十余岁而霸王者出焉。"

[注释]

1 雍熙：宋太宗赵炅年号，984年—987年。

2 洪武：明太祖朱元璋年号，1368年—1398年。

3 祥兴：南宋卫王赵昺年号，1278年—1279年。

4 太史儋：战国初期人，道家学派的代表。曾出任周朝太史（史官），故称"太史儋"或"周太史儋"。此处引太史儋语见于《史记·秦本纪》等处，文字小有出入。

[译文]

宋太宗雍熙年间实现统一，而燕云等地终未统一，未满二百年天下又分为金、南宋对峙。蒙古结束了分裂，使明洪武时天下一统。南宋祥兴年间亡国以后，中国之气归合于明朝近四百年。因而可以说合到极点而乱，乱到极点而离，离到极点又合，合而后会有圣人出，受天命，定天下，掌握中枢而统一，以凝聚保守中国的阴阳和谐。自然规律是无法抗拒的，上天尚且不能违背，人们怎么能违背呢！故太史儋说："起初秦国兴周朝合而离，离五百年而又合，合七十余年而霸王之君出现了。"

终南、汧、渭之交，周、秦之先所合处也。平王东迁，弃其故地。秦阻殽、函，东西并峙。其后守府仅存，四伯迭起，不能复问丰、镐之王迹，迄于战国，瓜分瓦解，而河山以东仅敌一秦者，东西相离之大致也。故三川并而天下一，驱除尽而汉祖兴。由此言之，离合之际，非深识者不测其旨矣。

[译文]

终南山、涞水、渭水交会之处，是周与秦的连接处。周平王东迁，放弃了这些地方，秦设防于崤山、函谷关，形成与周东西对峙。其后东周只能统辖洛阳城府，四周诸侯都先后割据，不能再谈丰、镐西周故地。到了战国，天下瓜分瓦解，而河东以东诸国合力才能抵抗一个秦国，东西分离之势可见大致。故三川合并之后天下又统一于秦，割据者被平定之后，汉刘邦又兴国灭秦。由此可见，离合之际，没有深刻见识者是难以预测的。

夫三五而降，其得姓授氏，为冠盖[1]之族，或稍陵夷[2]衰微，迁徙幕占，南屯北戍，逮为殊俗者，其始皆数姓之胤胄[3]矣。精脉嬗演，筋肉同抵，姻娅[4]僚寀[5]，欢若臂腋。迨其涣散，不可寻忆，则有兄弟互斗于原野，甥舅各畜其戈铤，血肉狼藉，巴吞鸩禁，此非惨心痛髓之事，而天地之所深悼哉！

[注释]

1 冠盖：官员的冠服和车乘。指仕宦，贵官。

2 陵夷：由盛到衰。

3 胤胄：后裔。

4 姻娅：有婚姻关系的亲戚。

5 僚寀（cǎi）：同僚。

[译文]

三代五帝以来，那些有姓有氏而冠盖众人的贵族，或因侵凌衰败，或因迁徙强占，南屯北戍，最后成为风俗不同的民族，但起初都是中国几姓的后代，精脉传续，筋肉相攀，婚姻、兄弟、同事相处，欢如臂腋。待到他们的关系破裂时，却不再记得这些情谊，以至于兄弟互相争斗于原野，舅甥拿着武器互相厮杀，血肉狼藉，这难道不是令人惨心痛髓的事情吗！而天地也为此深感哀痛啊！

然而闻其害气，则姑且听之，行其不得已。尤惧其坏溃而无以救其孑遗[1]，则原坂以阻之，江河以堑之，金铁、粟米、盐卤、皮革散其产以资之，贤豪财勇各君其地、帅其师以长之。是故合者圣人之德也，离者贤人之功也。今戒其或离而求致其功，所以因条戒，络地脉，靳天宝，采物杰，因民志，建规抚者，无庸褒耳经维而蔽目规划矣。

[注释]

1 孑（jié）遗：遗留，残存。

[译文]

然而，我们若知道这是害气，则姑且听之任之，因为时势的发展不得不然。上天为防止害气坏溃而无法挽救各部的遗类，乃设下高原大坂以阻隔他们，设江河以隔开他们，又出产金铁、粟米、盐卤、皮革等以资助他们，贤豪才勇各自统领自己的地区，各统帅自己的军队。所以说，合是圣人显德之时，离是贤人建功之时。如今要防备他们“离”，而求他们建功，所以要按地理条戒，收笼地脉，贡天宝，采物华，按照民众之志，建立规抚之法，无须盛服盛饰治理而只需闭目规划可也。

南条之纪，不得熊耳、冥阨、寿春，不足于守。中条之纪，不得杨刘、曹濮、河内、太行，不足于守。东条之纪，不得虎牢、广武、少室、熊耳，不足于守。江汉之纪，不得荆门、上庸、襄阳、舒、皖、濡须，不足于守。坤维之纪，不得武都、天水、仇池、陈仓，不足于守。武林放海，余气也，不阻太湖，不足于守。

[译文]

南条之纪，不得熊耳山、冥厄、寿春，不足以防守；中条之纪，不得杨刘、曹濮、河内、太行，不足以防守；东条之纪，不得虎牢关，广武、少室山、熊耳山，不足以防守；江汉之纪，不得荆门、上庸、襄阳、舒、皖、濡须，不足以防守，西南之纪，不得武都、天水、仇池、陈仓，不足以防守；武夷至海，属于余气所在，不隔太湖，不足以防守。

五岭穷于蛮中，余气也，不左洞庭，右彭蠡，不足于守。用文之国，士马[1]恌脃[2]，数战以逞，魄浸耀、气浸衰而不知，因长以攻瑕者，不足于守。珍先王之典器，葆其训物，崇廉耻，敬臣民，厉风轨，敌苛虐，武健以邀辅皇天，而故反其道，谐于霸夷者，不足于守。鱼盐、秔稻、锦绮、玑象，宅其地，登其盈，以争长靡丽，嬉荡民心而弱败之，不足于守。不制其臣，不珍其实，盗窃偷步，祸发堂廉[3]，授敌间而乘之；或惩其道，上猜下离，自弃其辅，偏一于此，不足于守。

[注释]

1 士马：军队。

2 脃（cuì）：同“脆”，易断，易碎。

3 堂廉：殿堂的侧边。借指朝廷。

[译文]

五岭尽头在蛮族区中，亦属余气，不左依洞庭右靠彭蠡，不足以防守；实行文治之国，士马轻佻脆弱，数战得胜，趾高气扬而力量减弱却不知道，倚仗长处去攻击短处者，不足以防守；珍视先王的制度法令，珍重先王的训典，崇尚廉耻，尊敬臣民，励风俗规范，除苛虐弊政，武将愿辅佐天命，但若故意背道而驰，与称霸夷狄者相和谐，不足以防守；鱼盐、秔稻、珠玑、锦绮、象牙都在当地出产，且又丰登，而以此增长奢侈靡丽之风，使民心嘻荡而自弱自败者，不足以防守；不能统治臣下，不珍重宝物，盗窃偷行，祸发于朝堂，使敌人有间隙可乘，或者过分戒备于此，上下猜忌，自弃友邻，偏一于此，不足以防守。

此十一不守者，贤者所必鉴也。故地有必争，天有必顺，气有必养，谊有必正，道有必反，物有必惜，权有必谨，辅有必强。取必八术以遂其功，所以慭[1]爱余民，救害气于十一，抑可以为百年之谋矣。《诗》曰："既顺乃宣，而无永叹"，顺民之离逷[2]，以经其畛畔，逷救残刘，消弭啼怨，公刘[3]之听以延天笃也。

[注释]

1 慭（yìn）：愿，宁愿。

2 离逷（tì）：远远离开，使远去。

3 公刘：古代周族的领袖。传为后稷的曾孙。他迁徙豳地（今陕西旬邑县）定居，不贪享受，致力于发展农业生产。后用为仁君的典实。

［译文］

这十一不能守，贤者一定要引以为鉴。所以说，地有必争之处，天有必顺之理，必须养气，必须正谊，必须返道，必须惜物，必须谨权，必须强辅，取此八项，以使贤人建立功业，以此来施爱于民众，消除十分之一的害气，便可以作为百年太平之谋。《诗经》中说："既然顺从其事而民众皆安，就没有人发出长叹。"远离民众厌恶的人，管理民众的田界，拯救残民，消除民怨，这就是公刘能够延续上天爱民之心的措施。

或曰：天地之数，或三或五，三百年而小变，千五百年而大变。由轩辕迄桀千五百年，禅让之消，放伐变之。由成汤迄汉千五百年，封建之消，离合变之。由汉迄乎祥兴千五百年，离合之消，纯杂变之。纯以绍合，杂以绍离。纯从同，杂乱异。同类主中国，□□□□□，各往其复，各泰其否。然则授天命以振三维者，非奖掖[1]中区，宰制清刚，作智勇之助，骁悍硗駮[2]之气，固不能早绝纯杂之消，反之于太古轩辕之治，后之治也而无所俟焉。

[注释]

1 奖掖：推许扶持。

2 駮（bó）：同“驳”，颜色混杂不纯。

[译文]

有人说：“天地之数，或者三，或者五，三百年一小变，一千五百年一大变。”从轩辕黄帝到夏桀一千五百年，禅让制度消失了，被放逐和征伐代替。由商汤到汉又一千五百年，封建制度消失，又以离合代替，由汉朝到南宋祥兴时，又一千五百年，离合消失，而以纯杂代替。纯以承合，杂以承离。纯使得顺从同一，杂使得变乱离异。同类为中国之主□□□□□。各行往复，各平其乱。然而承天命而振兴三纲者，如果不奖掖中国，掌握清明刚正之气，作智者勇者之助，驱骁悍侥驳之气，必不能早日根除杂之销蚀，回到远古轩辕之治，以后的政治就没有什么可资期待的了。

呜呼！非察消息，通昼夜，范围天地而不过者，又恶足以观其化哉！

[译文]

呜呼！如果不是明察消息，通晓昼夜相替之理，知晓天地规律而不失误的人，又怎能够观察天地社会的变化啊！

后　序

述古继天而王者，本轩辕之治，建黄中，拒间气殊类之灾，扶长中夏以尽其材，治道该矣。客曰，昔者夫子惩祸乱，表殷忧，明王道，作《春秋》。后儒绍隆[1]其说，董、胡[2]为尤焉，莫不正道谊，绌权谋。今子所撰，或异于是，功力以为固，法禁以为措，苟穷诸理，抑衍而论其数。虽复称仁义，重德化，引性命，探天地之素，恐乖异乎《春秋》之度也！

[注释]

1 绍隆：继续发扬。

2 董、胡：董仲舒和胡安国。董仲舒，西汉思想家、政治家、教育家，提出了天人感应、三纲五常等重要儒家理论。胡安国，北宋学者，提倡修身为学，主张经世致用，重教化，讲名节，轻利禄，憎邪恶，学者称为“武夷先生”。

[译文]

遵循古制、继承天命而称圣王者，是本于轩辕之治，建国黄中，消除间气异类带来的灾难，扶长中夏之民而人尽其才，治国之道就完备了。有人指出：“古代孔夫子鉴于祸乱，表明自己的希望和忧虑，申明圣王之道，写了《春秋》，后代儒家发展他的学说，以董仲舒、胡安国为最多，无不提倡端正道谊，反对权谋。现在你所写的这些，有些不是这样。提倡以功业、武力为固国之本，以法令禁止为治国措施，即使讲明理，也衍而论其数，虽然也反复讲仁义，重视道德教化，引申性命之说，探求天地之本源，恐仍不符合《春秋》的尺度啊！”

曰，何为其然也？民之初生，自纪其群，远其害沴，摈其□□，统建维君。故仁以自爱其类，义以自制其伦，强干自辅，所以凝黄中之絪缊也。今族类之不能自固，而何他仁义之云云也哉！

[译文]

我回答道：“为何这样说呢？民初生之时，自结成群，远离灾害。摈弃夷狄，统建君长，所以仁是指自爱同类，义是指自制其伦，强干自助，借以聚集中国的元气也。如今族类不能自保自固，哪还有仁义可谈！”

客曰，宰制所谟，以贻无疆，固当通其变而不滞其常。汉起西京，中兴洛阳，子之所制，定燕蓟为会同之邦，不已固与？曰，王者相阴阳，定风雨，建之邦畿，为宰治主，亦莫不用气之厚而固自然之宇也。是故羲农之都，或陈或鲁。平阳、蒲坂、安邑、耿、相，凭河东北，以为安处。长安、洛阳、大梁之土，后王宅之，数百年之下而后地力衰歇，渐以薄卤。今燕蓟之宅，受命而兴者，女直、鞑靼曾不足于称数。永乐定鼎，始建九五，水土未薄，天气翕聚，天子守边，四方来辅。后之所宅，固当踵迹[1]灵区，以光赞我成祖[2]也。

[注释]

1 踵迹：继承。

2 成祖：此指明成祖朱棣。

[译文]

他又说：“《宰制》所谋，以传无穷，必须通明变化之理，以免固定僵化。汉朝兴起于西京长安，中兴于洛阳，你所说的以燕京为会同之都，不就是要固定吗？”我回答道：“当君王者根据阴阳测定风雨，建都城，做宰治之主，无不选气机深厚的地方以巩固自然之实宇，所以伏羲，神农建都，或建于陈，或建于鲁、平阳、蒲坂、安邑、耿、相，靠着河东北，作为建都之地。长安、洛阳、大梁之地，后来君王都曾建都。几百年以后地力衰竭，渐渐变为薄卤。如今燕苏之地，受天命而兴国者，金、元虽不足称数，明永乐建都于此，水土未有变薄，天命之气聚集，天子守边，四方来辅。后来的帝都，当然要在此地区，以光赞我成祖的功业。”

客曰，贤哲制未乱，庸愚谋已然，立说之大凡也。今子所撰，陈于数十年之前，可以救而保其坚；方兹陆沈，□□忽其斩焉[1]，过述先事之失，为期忌慾，子所谓失鱼而求筌也。曰，孔子著《春秋》，定、哀[2]之间多微辞。言之当时，世莫我知。聊忾[3]寤而陈之，且亦以劝进于来兹也。昔在承平，祸乱未臻，法祖从王，是为俊民[4]。虽痛哭流涕以将其过计，进不效其言，而退必灾其身矣。天下师师，谁别玉珉，荏苒[5]首解，大命以沦。

[注释]

1 斩焉：因丧哀痛。

2 定、哀：鲁定公和鲁哀公。鲁定公，姬姓，名宋，在位 15 年。鲁哀公，姬姓，名将，鲁定公之子。

3 忾（kài）：愤恨、愤怒。

4 俊民：贤人，才智杰出的人。

5 荏苒：（时间）渐渐过去。常形容时光易逝。

[译文]

他又说："贤哲的制度还未混乱，庸媚愚蠢的谋划已经产生了，立说一般都是这样。现在你写的这些政论文章，放在几十年前，可以挽救明朝，使其固存吗？明亡之后，国运斩绝，待事后论述事先的过失，为求鉴戒，正所谓丢失鱼之后而去寻找捕鱼的工具呀！"我回答道："孔子撰《春秋》，对鲁定公、鲁哀公有很多评论。谈论当时的事，世人对我都不理解，因而慨然成书，希望借此劝诫后人。过去太平岁月，祸乱还没有到来，效法祖宗，遵从先王，才是贤能之人。尽管你为未来担心而痛哭流涕地劝谏，说了不中听的逆耳言，不仅不被采纳，反而给自己招来灾祸。天下相互效法，谁能区别美玉和洁白的石头？随时间推移而皇朝的绥带散断了，朝廷天命沦灭。

于是哀其所败，原其所剧，始于嬴秦，沿于赵宋，以自毁其极，推初弱丧，具有伦脊[1]。故哀怨繁心，于邑[2]填膈，矫其所自失，以返轩辕之区画。延首圣明，中邦作辟，行其教，削其辟，以藩扞中区，而终远□□，则形质消陨，灵爽亦为之悦怿矣。

［注释］

1 伦脊：道理；条理。

2 于邑：忧郁烦闷。

［译文］

于是为其失败感到痛心，探究原因，从秦朝开始，一直到宋，自毁其国，推初弱丧，都很有道理。所以哀怨系心，忧愤填胸，希望纠正自身的失误，复兴轩辕黄帝的伟大功业。并翘首企盼圣明之君的出现，当好中国的天子，行教化，定法制，以审卫中国，而终确定夷狄。这样身体虽然会消亡，但灵魂也为之欢乐啊。”

岁德[1]在丙，火运[2]宣也。斗建维辰，春气全也。文明以应，窃承天也。太原之系，世胄縣也。为汉大行，忠效捐也。悲懑[3]穷愁，退论旃[4]也。明明我后，遴播迁也。俟之方将，须永年也。《黄书》之所

以传也，意在斯乎！

[注释]

1 岁德：土地一年四季滋生万物的功德。

2 火运：应火德而昌的帝运。

3 悲懑（mèn）：忧伤烦闷。

4 旃（zhān）：文言助词。“之焉”两字的合音。

[译文]

今年岁德在丙，当属火运，北斗柄指东辰，春天已经到了。中国命运，秉承上天。太原王氏，世代绵延，为我华夏奉献忠效，悲愤穷愁，退而论之焉。圣明的皇帝，远远地流离迁徙，待之将来，须年岁长久啊。《黄书》所以流传，意即在此。

附　录

清同治四年曾氏金陵刊本《黄书》

辰春氣全也文明以應𤼵承天也太原之系世胄綿也爲漢大行忠效捐也悲懣窮愁退論斿也明明我后遜播遷也俟之方將須永年也黄書之所以傳也意在斯乎

黄書終

堅方茲陸沈□□忽其斬焉過述先事之失爲期忌愆子所謂失魚而求筌也曰孔子著春秋定哀之間多微辭言之當時世莫我知聊憮寤而陳之且亦以勸進於來茲也昔在承平禍亂未臻法祖從王是爲俊民雖痛哭流涕以將其過計進不效其言而退必裁其身矣天下師師誰別玉珉荏苒首解大命以淪於是哀其所敗原其所劇始於嬴秦沿於趙宋以自毁其極推刓弱喪具有倫脊故哀怨繁心於邑塡膈矯其所自失以返軒轅之區畫延首聖明中邦作辟行其敎制其辟以藩扞中區而終遠□□則形質消隕靈爽亦爲之悅懌矣歲德在丙火運宣也斗建維

所謨以貽無疆固當通其變而不滯其常漢起西京中興雒陽子之所製定燕薊爲會同之邦不已固與曰王者相陰陽定風雨建之邦畿爲宰治主亦莫不用氣之厚而固自然之宇也是故羲農之都或陳或魯平陽蒲坂安邑耿相憑河東北以爲安處長安雒陽大梁之土後王宅之數百年之下而後地力衰歇漸以薄鹵今燕薊之宅受命而興者女直韃靼曾不足於稱數永樂定鼎始建九五水土未薄天氣翕聚天子守邊四方來輔後之所宅固當踵蹟靈區以光贊我成祖也客曰賢哲制未亂庸愚謀已然立說之大凡也今子所撰陳於數十年之前可以救而保其

後序

逖古繼天而王者本軒轅之治建黃中拒間氣殊類之災扶長中夏以盡其材治道該矣客曰昔者夫子懲禍亂表殷憂明王道作春秋後儒紹隆其說董胡爲尤焉莫不正道誼絀權謀今子所撰或異於是功力以爲固法禁以爲揩苟窮諸理抑衍而論其數雖復稱仁義重德化引性命探天地之素恐乖異乎春秋之度也曰何爲其然也民之初生自紀其羣遠其害沴擯其□□統建維君故仁以自愛其類義以自制其倫彊幹自輔所以凝黃中之絪縕也今族類之不能自固而何他仁義之云云也哉客曰宰制

成湯迄漢千五百年封建之消離合變之繇漢迄乎祥興千五百年離合之消純雜變之純以紹合雜以紹離純從同雜亂異同類壬中國□□□□各往其復各泰其否然則授天命以振三維者非辮掖中區宰制淸剛作智勇之助驍悍磽駿之氣固不能早絕純雜之消反之于太古軒轅之治後之治也而無所俟焉嗚呼非察消息通晝夜範圍天地而不過者又惡足以觀其化哉

綺璣象宅其地登其盈以爭長靡麗嬉蕩民心而弱敗之不足于守不制其臣不珍其寶盜竊婾步禍發堂廉授敵閉而乘之或懲其道上猜下離自棄其輔偏一於此不足于守此十一不守者賢者所必鑒也故地有必爭天有必順氣有必養誼有必正道有必反物有必惜權有必謹輔有必彊取必八術以遂其功所以慭愛餘民捄害氣于十一抑可以爲百年之謀矣詩曰既順迺宣而無永歎順民之離遏以經其畛畔遏救殘劉消弭啼怨公劉之所以延天篤也或曰天地之數或三或五三百年而小變千五百年而大變繇軒轅迄桀千五百年禪讓之消放伐變之繇

建規撫者無庸褒耳經維而蔽目規畫矣南條之紀不得熊耳宜阨壽春不足于守中條之紀不得楊劉曹濮河內太行不足于守東條之紀不得虎牢廣武少室熊耳不足于守江漢之紀不得荆門上庸襄陽舒皖濡須不足于守坤維之紀不得武都天水仇池陳倉不足于守武林放海餘氣也不阻太湖不足于守五嶺窮於蠻中餘氣也不左洞庭右彭蠡不足于守用文之國士馬佻脆數戰以逞魄浸耀氣浸衰而不知因長以攻瑕者不足于守珍先王之典器葆其訓物崇廉恥敬臣民厲風軌敵苛虐武健以邀輔皇天而故反其道諂于覇夷者不足于守魚鹽秔稻錦

其旨矣夫三五而降其得姓授氏為冠蓋之族或稍凌夷衰微遷徙幕占南屯北戍逮為殊俗者其始皆數姓之允胄矣精脈嬗演筋肉同抵姻亞僚寀歡若臂腋迨其渙散不可尋憶則有兄弟互鬩于原野甥舅各畜其戈鋋血肉狼籍巴吞鴆禁此非慘心痛髓之事而天地之所深悼哉然而聞其害氣則姑且聽之行其不得已尤懼其壞潰而無以捄其孑遺則原坂以阻之江河以塹之金鐵粟米鹽鹵皮革散其產以資之賢豪材勇各君其地帥其師以長之是故合者聖人之德也離者賢人之功也今戒其或離而求致其功所以因條戒絡地脈靳天寶采物傑因民志

驅除其離以授其合于洪武祥興以後中區之氣永合于兹者四百載矣是故合極而亂亂極而離離極而又合合而後聖人作焉受命定符握樞表正以凝保中區之太和自然之節不得已之數也天且弗能違而況于人乎故太史儋曰始秦與周合而離離五百歲而復合合七十餘歲而霸王者出焉終南汧渭之交周秦之先所合處也平王東遷棄其故地秦阻殽函東西竝峙其後守府僅存四伯迭起不能復問豐鎬之王蹟迄于戰國瓜分瓦解而河山以東僅敵一秦者東西相離之大致也故三川并而天下一驅除盡而漢祖興繇此言之離合之際非深識者不測

于糾纏存天地之純氣而戒其割裂故氣應以正而天報以合數千年之間中區之内閭閻如也秦漢以降東南壹尉西北均候綴萬國于一人之襟而又開河西通甌駱郡朱崖縣滇筰其合也泰焉物不可以久合故河山條派奇傑分背之氣萃數百年而一離建安以後裂爲七八而離爲三太康合之未百年而又離播爲十六宇文高氏稍合而别于江左者終離爲三開皇合之未三十年而又離以逮乎武德而後合者幾三百年天寶亂而河北小離廣明亂而并晉大梁幽鎮吴越閩廣荆湖兩川之草據者不勝離也雍熙合之而燕雲終離未二百年而卒離爲二韃靼

嶺漸江分以太湖閩有武林仙霞杉關之隘粵有五嶺瀧水秦城潭中之塞若此者旁條畦列亦乘天地之閒氣萃以爲離也閒氣際離純氣際合合氣恆晝離氣恆夜無平不陂無往不復否泰之所都也雖然亦存其人焉昔者軒轅之帝也上承羲炎下被有周敦親賢祚神明建萬國樹侯王君其國子其民脩其徼圉差其政敎順其競絿乘其合稍其離蚤爲之所而無誇大同然後總其奔奏戴其正朔徠其覲請講其婚姻締其盟會系以牧伯糾以州長甥舅相若死喪相聞水旱相周兵戎相衛仕宦羈旅往來富貴相爲出入名系一統而實存四國此三五之代寓渙散

南潤火故潤之水故燥之天地所以節陰陽也而遂有不
相需之時以成南北河北則桑乾以南恆山之支歷井陘
少山黑嶺伏牛羊頭峙以太行王屋窮于中條委于河而
太行之東淇洹漳渪湊山東者成爲一區河右則劃黃流
浥秦川南窮于褒斜者或稍與山西合而離乎河山以東
河南則出潼殽嵩少熊耳桐柏之山東延成皐南閒平靖
黃土木陵岐嶺結爲灊霍之岳以漸乎江是大江之所守
也江南則岷峨南垂放瀘水以北逕牂牁出夫夷東祓衡
山以盡乎彭蠡而上庸之北障以武當沿沔而西北極武
關縈紆漢中限以大散南赴荆門歸峽窮於沅酉江東漸

蓋中區之餘氣也崇巒沓嶂以垣結之沙衍茅葦以紛披之絕壁渴澗以溝畫之瀚海尾閭以凝蕩之其中帶束脈繞搏聚約固寒暑相劑言語相譯形象相若百穀相養六畜相字貨貝相灌百川流惡羣山蔭夕以翕成乎中區之合自然之合也天地之氣輔其自然而循其不得已輔其自然故合循其不得已故離是故知天地之晝夜者可與語離合之故矣行其不得已知其有離不得已者抑自然之所出也而後統以三條分以兩戒郭景純僧一行朱元晦之說繇此其選焉中區之形首建乎西北而窮乎東南支山自主支水自戒文武自俗阸塞自理大河中畫北條

野橫吹萬里閒以西戎積石而南西傾三危烏櫳太白岷嶓嚴道越巂峨崍經脊地岫峻削崩奔其內羌沔大江若沫支流傾潤乎中國其外縣絙流沙赤土頭痛積雪夏飛之野戎以碧目黧面剪髮環耳之俗滇詔之西金沙潞江麓川之水羊腸盤曲南結以護嶍岷之寨放特磨界交趾以絡乎廣右其南則邕部百粵鐵圍鬼門狼夷高髻籐笠之族東被而盡乎海濱渝關以南巨浸浮絕潏沸渟泊南歷沐榆之罘瑯琊海門三江舟山鴈蕩霍童紫帽甲子之門羅浮七星以柱南維過崖硐而西接合浦而界以日南其他東遼水北開平西瓜沙南哀牢緬甸交阯北戶之鄉

者養賢以養民□□以配天繼於其亂先以刑禁繼於其治終以德化相因小民之疾苦則焦頹焚灼妖怨亟起而欲望建遁和以迓祥吉者是孳息螟蝝而冀登嘉穀也

離合第七

中區之間軒轅所治大禹之所經維起勾注之西迤石梯盡黃河東逾白登阻桑乾複山疊嶂界以野狐居庸二關之險極東盡渝關憑海陽其外亂岫荒原豐艸大泊曾冰酷寒毛革酪乳之鄉殊形詭嗜以訖北維之止西自黃甫川阻沓延之水度鹽池跨南河有賀蘭燕支車箱雪山之險以西極乎青海黑水逆流而南放乎湟洮其外平沙朔

鴈視之寓目橫經則朶頤溫飽廉恥風衰君師道喪未有如斯之酷烈也今卽旦暮不能廢隋宋之格而稍滌正之尤當以行相參定其殿最如較文之等州縣之長起乙科廉靜文弱才不任劇者改邑教授郎舍守令起制科者改郡教授晉其秩如先所任紀其教成以爲禮曹太常國子學使之選或鄉老休致者郡邑得聘領之爲之授兼經講正學考內行辨同異究性命輿於鄉者不通四民之旨及因緣長吏與聞獄訟者學使猶得按而黜之以需數十年之後廉恥厲行篤修學術正然後革詞章愼鄉物較隋宋嬔庠序雖有泛駕之士亦戒足沉溺而正衿稜觚矣故王

奪靡戍狼籍篋脫之寒灰晉與飲禮終日百拜清酒九醑習爲優戲榮施愚目而自好者莫不非笑之今爲之定制諸非居任以廉最者雖邊功建言不得與起廢晉階之科其尤沉沒之倫過鄉飲酒齒之下座以折辱之而告老閒住者買聲色教歌舞廣亭榭不以儉率子弟所司歲具上聞追還封誥齒於僇民帛鏹終於在笥桑榆鑒於□□斯不肖銷心而賢廉得意亦移風振俗之一道也學校者國之教也士之所步趨而進退也比者邑置郡設鳴琴釋菜虛器歲修官掌故者垂老氣盡漁獵生徒學使奬行絀劣率一二人視掌故郡邑之喜怒士之誦習帖括者固已羔

除以售所貸而子弟橫鄉里戶獄訟以僅完田廬徙廣其科目易其升擢博置員額以誘其仕心祿入已菲米鈔又折減其什五率天下養百官而不足縱百官食天下而有餘此何異饑鷹以攫雉兔乎請罷勸貪之的革饒瘠之目除授之別以輕重邊腹差等其資色而祿石傔從薪馬紵絲公私宴答之給授以本色而豐溢之不率則刑辟擬其後而無仁恕之歉也比國家之加惠搢紳者下逮休廢尤爲淪洽起廢員晉勳階有大慶則播爲恩例其非制科不登五品者賓於鄉飲酒禮而髦荒畜厚之家跡絕金閨猶走謁要津窺倖慶典清白縣車者復恬靜自遺恩外抑褫

進士乙科鄉貢任子視以除授則將部臺藩臬分司歲時
生辰薦奬之苞苴視以厚薄欽使往來供億勞賄車船之
悉索視以苛簡而長吏之乾沒其民者亦將視以衰益胥
上下之耳目交注於涫饒而其儥可知也抑縣垂格範爲
割蜜分羹不刋之則固授之以亡廉消恥之術逕矣古者
未命之士食如其力等而上之亞於國君位次升祿次腆
車乘家老次備贈答宴祭次隆故延州投縞子產獻紵足
於己而無藉於物也今萬戶之邑十萬之都皆古諸侯之
治也稍給祿養不逮家臣居禁掖登小卿者劣食十口賓
客服佩之不給郎官宂散稱子息仰給責家指擬差遣外

勢不得已故懲墨吏紓富民而後國可得而息也易曰觀盥而不薦有孚禺若陰長于下連類遂志刑害陰私貪吝汙鄙偪天位而無忌故聖人神道以示觀退省其躬行不言之教成加民之治故曰下觀而化慎所示也明興家法忠質宮庭潔清無別館離宮之崇飾龍舟步輦馳道旁午之游觀無置騎飛舸千里割鮮銅狄花石之供無算車料產均輸酒酢香藥子母責息之利謀觀道盡矣而貪沿下游極重不復者法教不施而風俗苟簡也州縣之制以差選人者唐宋分畿赤次雄望緊上中下凡九等以分別資格升降除擢而止今吏部之注府州縣分系以瘠饒涫頑

滯積其他千戶之邑極於瘠薄亦莫不有素封巨族冠其鄉焉此蓋以流金粟通貧弱之有無田夫畦叟鹽鮭布褐伏臘酒漿所自給也卒有旱澇長吏請蠲賑卒不得報稍需日月道殣相望而懷百錢挾空券要豪右之門則晨戶叩而夕炊舉矣故大賈富民者國之司命也今吏極亡賴然朘刻單貧令無厚實抑棄而不屑乃藉鋤豪右文致貪婪則顯名厚實之都矣以故粟貨凝滯根柢淺薄騰涌焦涸貧弱孤寡惴作稱貸之塗窒而流死道左相望也漢法積粟多者得拜爵免罪比文學孝秀今縱鷹鷙攫獵之會不得比于媮惰苟且之游民欲國無貧困以折入于□□

厲夷風以革數傳而後僅以大計褫削當炎火迎貓之刑無慼其裂廉隅而莫懲也律法監臨主守盜公物盈貫以上積至死罪而赦使守臣郡邑之長獵部民極鉅萬不以抵辟繹成湯之責尋仲茂之言亦已詩矣詩云君子如怒亂庶遄沮承貪亂之餘不以刑辟整絕之未有能齊壹天步柔輯惸獨者也天地之奥區田蠶所宜流肥瀦聚江海陸會所湊河北之滑濬山東之青濟晉之平陽秦之涇陽三原河南大梁陳睢太康東傅于潁江北淮揚通泰江南三吳濱海之區歙休良賈移于衣冠福廣番舶之居僰蜀都鹽錦建昌番布麗江犛氊金碧所自產邕管容貴稻畜

博投瓊而散猶未盡亦惡知向之朘削零丁者已滅族斬允於寒阡荒壑之旁也豈不痛與趙宋之有天下也解散法禁以䢦媚彊智而苟固其位者可謂泰矣然京朝長吏以贓賕敗者其刑大辟歲論決若而人無所赦法合世重惠逮孤寡以振起五代之殘劉者有足重焉降及太宗減大辟流沙門島而濫觴起矣眞宗以還復減流島之科刺配腹裏軍州天書降赦而後此法愈滅貪墨跛扈運髻尺水者悐無所恤而蔡京王黼韓侂胄賈似道之流鳴上風以登飛鳥之音矣韃靼九十年閒其狠戾睢嚾者不僅在阿合馬桑哥之尤著太祖起田閒尤慘其所爲故刑法嚴

肌膚剡削含聲隕涕鬱悶宛轉於老母弱子之側此亦可寒心而栗體矣而以是鼓聲名市奏最漁獵大官貤封門蔭層絫封埕以至於無窮則金死一家而害氣亦迸集焉夫故家名族公卿勛舊之子孫其運數與國家爲長短而賊害怨咨之氣偏結凝滯則和平消亹傾否折足亦甚非靈長之利也卽或狠藉著見挂吏議左降褫錮者猶喞舟絡馬飛運以返鄉里有司賓之鄉社祝之閭里畏之廣頃畝益陂池敞樹邃房鼓鐘妖舞春容魚雅以終其天年錮石槨轡翁仲梵唄雲潮以榮施於重泉之下而游佻公子發其贏餘買越娃擁小史食游客長夜酣飲驟馬輕紈六

以威之夫王者之於萬姓視猶一父之子也其聰明文辨便數彊固者亦克家當戶之子也則豈不慘怛割裂涕洟於刑戮之加哉而其受五行之賊犯王者之賤越幅敗軌沈沒淫濫螟螣細民愁痛孤寡者則尤惄然其忍之詩曰去其螟螣及其蟊賊無害我田穉田祖有神秉畀炎火言遠害也今夫農夫濫耕紅女寒織漁凌曾波獵犯鷙獸行旅履霜酸悲鄉土淘金採珠羅翠羽探珊象生死出入童年皓髮以獲贏餘者豈不顧父母拊妻子慰終天之思邀須臾之樂哉而刷元鬢長指爪宴安諧笑於其上者密布畢網巧爲射弋甚或鞭楚斬殺以繼其後乃使縣磬在堂

家之敗由官邪也官之失德寵賂彰也可不戒與天以五行養萬民食於陰飲於陽衣被榮毳侑佐鹽醴水滋土敦木實火調若此者民承養於天無須於王者之制而流濫生死縈紆往來通愚彊之力致文弱之養金之爲用王者所加於天以損民而益之上也故水之德潤木之德成土之德安火之德化金之德賊是以聖人尤難之行於不得已而用其利戒於禍之必尅而制其賊愚彊者寶之以勸其功文弱者賤之以殺其濫沃以所寶則小人和平教以所賤則君子彊固此爲節宣五行而勝其害氣也其有不率教者於是訶斥以辱之裔夷以遜之纆棘以錮之刑殺

易其防閑公其心去其危盡中區之智力治軒轅之天下族類彊植仁勇競命雖歷百世而弱喪之禍消也

大正第六

昔者三五之王也推五德承終始其原本灑祓嬗革之際如平旦之受夜虞淵之受晝也後世五德失墜治無主尙以意爲輕重至於湔惡俗拯民瘵紉業中興莫不有彷彿之意焉粤自成湯革夏配天伊尹仲虺以弼之一德馨聞廷野革面不數十世而故家大族盤杭膏腴湛溺財賄者以亂阿衡之治故盤庚之誥曰無總於貨寶生生自庸繇是言之淩遲乾沒紹治而啓亂者明主所深患也傳曰國

物也愛以我私而制盡人族與仁義背馳而求治天下亦難矣給事御史之秩胥七品也給事以巡視遣御史以巡按遣則操六卿兩司大臣之臧否以亂其掌故彼之歷職任絫歲時登進崇階代天工作民牧其前效已可睹也早知不能廢之而已乃升新進誇小臣翻戾趾肘使黃髮卿尹呵斥所輟者屏息躡踵褫繡隅坐以承其欬笑不亦左與故主貴其名莫不貴之也賤其名莫不賤之也制名以任賢能疑名以尊意旨浮薄長進權藉推委效著於偶然而垂爲法制故人紀賤而天維缺非建國不拔之典矣唯除疑制者不然尊其尊卑其卑位其位事其事難其選舉

散而不可救元氣痿大務闊民愁閭左士歎十畝粻空於野金蝕於藏彼揖此讓晉□□而□之大□可不痛與則仁義不立而疑制深也傳曰賤妨貴新間舊小加大逆也故王者制名天下奉名百官赴名倒其所制昧其所奉貿其所赴則將賤爵祿而重事權爵祿者天之秩也事權者上之意也非天秩則士薄功名尊上意則人喪廉恥是以王者慎名名正則任重任重則責隆責隆則政理矣今夫學士之秩五品也使立於九卿之上賤妨貴小加大背盭淩遲者莫甚於此則將使天下蜹脊蠅營以趨事權而天秩之自然蕩然不可復稽夫虛一品之置者靳其愛以制

乖左折衷聲氣叶則膠固兩利然則疑制者唯兩不肖而後諧也亦將大違其疑制之始心矣天原道君原天相原君百官原相大哉滂沛萬登而綱紐尺握乃以禁制朕兆膏泛羣族也今以天下之大選賢簡德之繁且久不能得一二心膂之臣任以論思乃嶄然果廢其官夫唯開業於風雨英敏神靈者括萬幾統一心無所凝滯過此以往奏報日亢陳案日仍晏安日藉聲色玩好禽馬柔曼淫音幻技日進於深宮外勞內蠱其不折而入於中奄者無幾也故胡惟庸汪廣洋之禍消於綸扉移於涓寺而萬安焦芳黃立極丁紹軾之徒承頦頤奉密教於北門者且波溶瓦

所以制內者無遺力矣以一人敵天下之力以一代敵數百年之力力窮法匱私蠹蝕爛乃使相委而謝之非己之專也則是開以滑避之徑而絕其功名之塗也豈不拂與夫一職而分官以領之連衡以轄之所以疑制不肖也人材之數曰賢曰不肖曰中人賢制不肖則不肖懼不肖制賢則賢者憂中人制不肖則惡不弭中人制賢則善不長賢制中人則疲於效命不肖制中人則靡於朋淫賢制賢則意見差不肖制不肖則聲氣叶不肖懼則裂而傷賢賢者憂則引而避不肖惡不弭則忌憚益忘善不長則登進無助疲於效命則事會圮靡於朋淫則媚術張意見差則

未百年法已圮壞猶使籍口公座脫獨戶之咎疑制之患已大可覩又復分其屯田水利錢法驛傳鹽政分為數道以制司道立分司督察巡守兵糧之務以制郡巡按之使絡繹馳道循環迭任無隙日月以盡制之所以制外者無遺力矣在內者取都督一府而五之閒以同僉六部卿貳或七八員都堂大理通政太僕以放雖有長貳之別而事權散出不受裁制黃扉論道之席至丞刑極刑以廢其官其文移印信封掌押法公同朝參者猶外也復使給諫御史巡視刷卷以制之卒有爰立大僚邊闗盜賊建置河漕三禮疑似之事所部不得決又設會議抄參私揭以制之

也而飲金沒羽誠以拔之則小人革面疑以任之則君子寒心是故豫生飲藥於趙都百里行哭於秦族越石授命於并陽袁劉糜姓於臺下楊業介馬以喪元余闕憑城而濺血此數子者事二姓弃舊君比匪類仕僞邦非有皦日白水之疇昔也而一旦甘死趨禍大貿其夙夜之狂心者豈非任服躬而難委誠推心以必讎者乎故專任者不期報而報臻疑投者不期欺而欺膺矣今命官之制在外者一縣之令丞簿不聽命焉一郡之守同知判推不聽命焉一司之使分以左右二參副僉不聽命焉文移印信封掌押發登於公座唯恐長官之或媮也而鉗束之如胥吏行

也以爲可疑也是援蹻蹠以籥鍵而稍滯其戶牡也以爲疑在此而制以彼也是忌貍竊雛而間之以狐也舜之命官也禹陟司空宅百揆棄爲后稷契作司徒皋陶作士伯作秩宗夔典樂敎胄子龍作納言各專其釆雖稽讓從容后心載僉而旁任必咈其汝諧以往者共工百度之藪虞理名山大澤之長也故勞謝專尸以體其愛道孤獨贊以去其制則仁義立而天工亮矣天地之氣刑德相召禍喜相感甘草兆熟苦草兆飢醴泉甘露不流桀池夾珥陰風不淒蕘宇誠繇誠往疑用疑來是故五臣十亂鄭留馮鄧之侶布心灑血而不恤彼有以召之也李廣之射石非虎

取似實果而賵美瓊瑤也王者拜貺天醮宅履中區感河流光承劒啓珓以貽後世得之丁甯付之鄭重固其所也然三五之代以麻迭興或及身而授或數十世而授卒不越神明之允惡有如趙宋之削其援弱其族以□之□□者乎彼耶律完顔奇渥溫之初始亦嘗分尺土籍一民伏莽齧堤以爲窺竊之資也哉若晉宋梁唐之末造僭偪孤寡權壟上流彼界受苟簡日習而汏亟之此又無庸致怪也流風沿遞疑積相仍乃至論道之職喉舌之司六官之長旬宣之使下及郡邑城不足百雉戸不滿三千者盈天下而無非疑地以爲不可疑也是戈矛塡心而斵胞割腕

任官第五

董子曰仁者人也義者我也以仁愛人以義制我以仁愛人不授以制而盡其私以義制我不私所愛而厚其疑惡有爲天下王者自愛而制人可以宰九州建千禩者乎且誠非所以自愛天有四時五行四方各位其位時其時不疑冬之淒苦而閒以燠不疑夏之歊暑而閒以寒不疑西北之有崑崙崇嶐嵳崔隔己而陵夷之不疑東南之有尾閭淫浸沈沒汎己而堙燥之四時五行四方各行其職胥以歸功蓋相報也詩云投我以木桃報之以瓊瑤言齊桓推亡固存以誠信禮衞燬于兩河脰吻之閒而不相疑故

況粢是而上享玉食蹈天位者不愈震耀肌魄以推戴莫京哉故差其所養別其所教埶相成而功相倚也王者規天道長萬族順其所從珍其所寵則性命正矣粢上以爲益尊則天位凝矣忘恩以遠怨則和平臻矣節養以息民返不率以歸農則民志定矣革陋宋鬻販之私則大公行矣百年之內乘千歲之弊仍科目而減其額核資格而難其選則始基立矣然後抑浮藻登德行立庠序講正學厲廉恥易科目升孝秀俟之必世之後而天氣清人維固胥心息□行泯沄沄陶陶太和旋復詩曰文王在上於昭于天言其贊助清明而扶光霄極叶天道也

一朝一夕之故哉是故順異同立差辨以小人養君子天之制也觀其所養故養而不窮今一邑之小補生徒者養於民成歲貢者養於民偕鄉計者養於民登進士者養於民授職官者養於民五綮而上養之益豐五降而下養之益繁而又無以觀其所養博泛叢闒登進苟且其一切所爲卒無以異於闤闠拚除卒伍之行籍起上流尸避徭役公私謁請流連嬉讌以操細民之生命其不一旦得當裂冠冕而洩其不堪者寡矣裁生徒節貢舉省進士謹資格持之以難擇之以慎天下乃曉然知上所尊尚之旨其不容苟且如此而抑歡然奉養於長吏孝秀而永謝其望心

呃塞而不得語彼親天子之側者乖沴橫塞奴虜驅販如此其他上偪下流畜狡伺而幸翻覆侵尋沈淖尤不知其所居是何也始誘之以甚易而後繼之以極難也弓之解也膠液筋緩則熯而張之承今之敝建小康之術莫若先其甚難而後稍授以易先其所難則知不能者退矣猶矍相之射也廢然而無妒媢之心矣是故以賢者廁不肖不肖者忮以不肖者廁賢賢者慹慹發于賢者故拾橡織絇憤棄君父之憂忮發于不肖潰決姦宄鬱不可折之勢以讐君父長亂階不瀕之亡而不止坤之履霜不肖之忮也括囊賢人之慹也賢人隱弑逆作相乘之理漸不知保豈

故曰和大怨者必有餘怨而竊天地之恩以鬻販人民而膠飴其心施天下以私而責其公報猶假敵戈鋋望其稽伏其不傷脰陷胸於彼者蓋亦尟矣詩曰鳲鳩在桑其子七兮淑人君子均平專一而風流雛鷇無私之謂也故孔子射于矍相之圃退者十九早知不能而使退故法嚴而怨不起今廣其科目於此人倖得焉而得者百一則怨一矣捷其資格於此人倖速焉而速者十一則怨二矣兩者皆以恩天下也而貿其怨故士自授經成讀昧偏傍盲語助老死童子者皆有怨心其極則躡六卿登黃閣皓髮返林賜鏹馳驛祖帳煇煌于傳亭而閒語乘輿猶戟髯把擘

于宋竊竊然唯恐天下之異心也師武壆之智開籠絡之術廣進士明經學究之科下逮七科乙等之目推郊祀任子異姓甥壻門客之恩搖蕩誘餌天下於堂陛嫌微之際而當時桀黠者亦微測上旨倒持來去以邀榮膴不得則李巨川張元吳昊之流憤起而播其亂其君臣之閒猶發篋行傖之相爲禁持故和平去心而粹白失性胥中區而淪虐老獸心之俗者非無所自開其源也近世之爲政者踵而用之增文學益解額倍制科升乙榜推恩鄉貢職名不足綴冗員速資格以濟之而天下之怨亦繇是而興夫天下恩之不勝恩也怨之不勝怨也恩之所止怨之所流

王所以正天下之性效陰陽之位也而一以胥天下之和平尚其所尊而鼓鐘以樂之則和矣量其不能而桑畝以安之則平矣故怨讟不起而姦宄息也三代以降漢之選舉以郡邑州將曹魏六代以大小中正始于揚汰終于浮濫褻薄天寵流觴媮競者往往弊自上開而當其嚴整猶有差别之足紀焉隋承陳梁之末造宮體先吹文爭實長其曼聲曳趾挑綺拾英之流習濫于崇朝科目之興尋遠古則然世會所爭不能逆流而泝之上矣因緣其軌欲以稍靜天下者固當心載大公較隆天秩則異非所異而寵殊所寵猶可以徐俟和平來附人心而明貴賤之級流及

别物以爲教寵天之異也從者差養寵者辨教澂汰滓魄
濯洗清明分萬命理萬性揀其粹白以珍之萬族之上所
以助天而保合太和者始于大公而終于至正也虞書曰
日宣三德夙夜浚明有家日嚴祗敬六德亮采有邦等而
上之知九德之有天下明矣家邦以給之三六以别之德
以晝之俊乂咸事來章一人天下之大萬民之衆審其所
撰忖其所藏由臣之不虛貴也知主之不虛王也如此則
踞天位而長萬邦者彼何人哉德未至不敢干德已至不
敢越井井然猶牆堞階戺之絫上故奇傑意消聰明思返
卒以奠大寶而徠尊親矣故同異貴賤差辨此六數者聖

一人休養厲精上佻粟積取威厲萬方濯秦愚㓨朱恥此以保延千祀博衣弁帶仁育義植之士毗足以固其族而無憂矣

愼選第四

萬族蒸蒸各保其命各正其性所以爲之者豈非天哉飲食而有血氣陰陽而有生死天之同人于物也出塵舒光漂輕存重變不變以爲信智敢不敢以爲仁勇拔萬類而授之人拔人族而授之聖賢之族天之異人于物異聖賢于人也同者爲賤異者爲貴以有尤貴滋性而統君之無同則害命無異則淪性故聖王齊物以爲養從天之同也

諸弁食其地或因其產或因其食隸之臺治商引料價批雜稅割太倉之半分界臺使開中者聽其自募牢盆稍食稍取給焉川湖六霍茶莽之所出也鉛鐵銅錫爐甘苧竹有所產吳松原鹽濱江蘆荻魚利山後石煤邊番互市福廣番舶滸墅臨淸九江蕪湖梅嶺錢塘以放關市船碁布絲縈者間飽漁侵使臺使諸得自領會出其餘以佐他鎮之歉追臺無上計部無授程悉俟九載以奏其出納而納其奇羨于是因贏餘飭六師精器備廣城堡溢賞格走死智勇於邊徼殺戮之地爲天子使是故中國財足自億也兵足自彊也智足自名也不以一人疑天下不以天下私

以權寬其繕具倘如昔者守司農所敓率不得請請不得報報不得速事機先失守文吏隨持其後此以約束庸愚而坐自弱其勢矣今夫中區之產入穀不與賦於大農其滂溢橫射走天下全利者鹺政爲上淮安通泰隸兩淮者北食陳汝南食長沙利參天下之一長蘆領北海食畿下山東領膠東濱樂並食徐邳解池三場食兩河屆澤沁陝西領靈州池障西和井食隴右河西山丹紅鹽居延白鹽稍食其地浙江領許村仁和嘉興松江甯紹溫台食吳會福建自食廣東食嶺東南海北兼食廣西北食衡寶雲南黑白井白食四川領成都富順清川榮昌大昌開縣鹽亭

十萬顧保其區不戰散地其他一邑一鄉頗有勁悍者守監隨多寡占募不以額僉如府兵彍騎禁廂衞所之制老死子孫而誅及疲劣則上下數百年中區之材用可因時消息而登之用也夫捐父老犯霜露踐伏尸閒熛火爭死于百一者滋以潔清觴白之率長使啖糲茹藪窮年永歲無醲酒割鮮蒲塞馳射之歡攜修眉聽囀歌靡濫柔嫚妖變紲索之戲則蛇情麖散而不可止故牛酒時作金錢飛灑所以買桀驁之死心也而况旗幟帷幬弓矢刀矛火器馬疋鞍韉之精銑卒不再歲而敝壞與夫間諜偵探遊賓說客死士之往來國家不能括資于經費之中則假臺使

鳳習江北輕生樂禍舒皖六安茶山射獵之徒勁弩藥鏃洞中沸糜木陵黃土新市之脊共爭之區依砦步鬬者以寡擊眾太原汾潦易定之閒趙代也民小悍京口慓銳沿江海者浙爲下義烏之步卒青溪之亡命其族故存徽之行賈便習鉤擊宣涇喜弩獵在江表爲彊福廣瀕海習舟依山習步猿接猱跳飛瓦攖檣贛撫汀建依山者嗜利喜死撫建爲下辰沅而西起永定草子放平雲貴宋蔡犵玀西南之尤悍者也蜀沿江有巴渝之遺孩黎松潘相嶺沖天之徼東繞馬瀘訖黔西土司各以標鎗利弩火器革鼇之資耐勞奔險樂死好鬬南太狠家盡泗城而西不下數

任也渠河流潤苦壤修屯積粟大農濟其畚臿稍給牛具金鐵之資焉凡軍伍之僉中區之厚土烈風山箐水國之任爲兵者可數也邊徼先其土著閥其子弟蕃其牧養下足請命踰臺以調益之中區各僉其治毋踰十八而傅六十而老廢疾而給及身而放不傅子弟子弟以丱角從軍驗其嫻熟精慓者傅之榆關而西極乎大同其民小悍延綏靈朔環慶之區其民大悍莊浪度河甘涼洮岷之閒其民小悍皆家丁子弟之鬪於天下者也澤潞太行河北山東之弓馬登萊海舟死走鹽利南陽毛葫盧之桑弓毒矢鄖陽雜五方依老山沿漢而上南通庸蜀流民之苗孽盧

保安延慶順天效上供之餘左輔得永平河閒天津右輔得保定萬全大同得大同忻代岢嵐保德之屬延綏得延安環縣甯夏得六衛中衛靖虜固原靜甯莊浪隆德蘭州金縣河西得甘涼肅莊浪西甯鎮番永昌河州以資其芻牧工匠孳養鼓鑄之用丁男輓運城堡築浚之役征調遊弈覘中區爲費司農寬賦役以休息之疲者不賦于大官藩司登計其入移臺用者十可三四給也不足仰於腹裏行漕開中不盡于京師便歸其塞膠萊漕關東汴渠屯氏沽潞漕畿分漕萬全桑乾漕大同淇沁漕太行浮於河河漕延綏浮渭抵陝濟甯夏河西不足漕者牛車橐驢之所

內奏集甯斥豐州之塞葭州外控榆林左掎西河保甘泉之外障延綏行臺治之東起黃甫際河而西西抵花馬池之右懷袞環慶爲其守直北淸河南修受降之遺地甯夏左省嵬右賀蘭赫連兀卒之自雄其都也靈武之所繇收關維也甯夏行臺治之修楊制使之遺塞東起花馬池東盡蘭州爲其守北踰賀蘭馳燕支之下甘州緜綴新秦壤地數千里孤峙以制西夷之生命河西行臺治之東起莊浪西極嘉峪南遶西甯歸德渡積石抵河州爲其守出酒泉修瓜沙之塞橫亙自保以維西陲餘力蓄士馬奔他邊之棘相附郡邑守隧所統往來所奏則分隸其臺畿輔得

徽衡蓋輦下左古北右居庸畿輔行臺治之起喜峯出定州西至延慶爲其守北抵灤西清兀良哈之塞永平東北極徼環海循山外邀三岔白狼之險東醜之所出入也左輔行臺治之接喜峯畫灤水東盡關門沿海下天津爲其守東北出三衛金源故地窮興中大定東搗開鐵靖其庭穴宣府有偏嶺飛狐之勝繁饒悍鷙直開平之吭右輔行臺治之起懷來阻桑乾西抵廣昌爲其守北出興和擴亭障斥地沙漠大同平衍廣埜內護句注散戰之區也大同行臺治之內連廣昌北出天城陽和遶黑河而西盡東勝遵濁河下偏關抵河曲保德盡大河爲其守渡黑水擊雲

垂制江外南贛則潮州承閩而分海汛嶺西則雷州障交夷縣窮髮慶遠南扈田泗西繫那丹以通都泥滇黔則貴陽總線道飛繫荒遠楚雄般六詔之中右哀牢左特磨直下車里老撾以距南醜凡各分司以鎮之而受其生死動靜之數於臺武監之治請視兵賦之多寡弱郡并之勁郡專之或贏置之以登成于知府而受其生死動靜之數于臺故指臂相須而批導形便也諸行邊領重鎮者地儉於腹裏而芻粟士馬節制旌旄秩等部從不亞於中區或覆增之系其任或卿尹出牧或他臺使以崇望右陟或大將起裨校威信足恃賴以大將軍行使系其人昌平屏攡翠

守就近參援而調置往來泝大海沿淮海以紓山東入武
關繞松洮以紓關外或馳孔道下冥阸騁大梁絕黃河以
衞京畿因裏粻兵取給于十五使司登大司農而受裁於
廟議者皆以流蕩營魄而振戴根本也臺之所治或千餘
里或二三千里際荒陲容受不軌卒相搖動禁制不時河
北則東登萊濱海綫通海葢西澤潞太行伏戎河南則襄
陽受沔下游制鄖西受夔庸逋逃江北則安慶以名城阻
江楚江南則溫州總海以須島夷蕪湖對濡須直江北之
衝荆南則沅州領苗夷殷黔道關陝則階文制生番匡川
北之不虞巴西則馬湖逼瀘水亢嗾南中威州孤懸烏術

要其連系盜賊踞山谷汎洋汛者府自部討之聞于臺盜名城躪旁邑暨小夷之竊發臺部討之聞于司馬邊徼奔命巨寇彌延羽書馳于司馬下檄臺使因其形勢奔走疾嘑以膺其鄰左勞逸腴瘠搏臨勁脆以視其往來滑臺涉鉅鹿通天津以紆左輔徐州沿淮泗下盱眙以固江南東放瑯琊以膺登萊之不逮河南蒐練腹裏開花園纛子西南綴上庸甌脫紆秦蜀制山南北守黃河犄角畿南而撫其怠太原居西補河曲急則東紆右輔或出鴈塞以膺大同關陝阻關自保聲勢山河視其旁午連川河以軫綏甯河曲之恤江湖贑嶺巴蜀滇黔旣隨以蠻夷海汛分其所

喉之要區也嶺西桂象行臺治之其地起梧州東得肇慶窮于灘口東南得羅定高州雷廉南極交趾濱于海渡海得瓊西泝三江全有廣西北越秦城放湘源得永州武岡城步新甯靖州通西延古泥之徑尋左江西上得都勻犬牙楚黔界于播夷大理葉榆所派金滄所維北捍土蕃南覆揔甸六詔上游之雄徼一要區也滇黔洱海行臺治之其地全有雲南竝夷部東巡縣度出箐道得貴州西境東有貴陽訖乎新添北緣陸廣赤水烏撒而界于瀘南沿平伐鎮甯頂營募役鑿初道以通乎泗城而西南窮于交趾于是登其甲乘制其刑典宅其賞罰司其汰補寬其蹤指

之其地全有四川自威茂雜谷天全黎卬昌跨大渡度相
嶺右遶東川烏撒烏蒙界水西盡轄土夷南渡烏江得平
越東北上得清平興隆思南石阡思州銅仁窮五塞南盡
于沅贛州咳頤梅關延紆嶺塞注瀉海嶠絡引大帽浰頭
東鄉之條紀武備所嚮樓船步卒之衝一要區也南贛嶺
海行臺治之其地起贛州南安西得郴桂臨藍嘉禾盡楚
猺地北得吉安東北緣山有建昌撫州故盜區藪下杉關
得延平邵武建甯南迤汀漳窮于海次海濱得惠潮廣州
蔓引連陽與臨桂會而西盡于灕水之交梧州控肘楚嶠
垂臂墳海是灕潭牂牁灕江之下遊逆邀其所趣土漢噤

又南得邵陽新化分資水爲南塞東得南昌瑞州九江袁臨饒廣南康包彭蠡有江右之衍區諸掖嶺爲閩廣脊受無賴者割以爲南贛守鎮江因京峴緣揚子西接漢岷北拒淮泗漕守山東俯拾建業一要區也江南福浙行臺治之其地起鎮江得蘇松常州廣德西上夾輔應天沿江得甯國池太東有徽州倚三天子鄣沿漸江東有全浙循海而南得福泉興化福甯渡江北直海門狼山鎖大江得揚州盡淮東磬折江海索腴賦休士馬輝戈船根抵南國以備倭盜而資山東之奔命合州三江所會魚復夔道褒駱武都嚴道夜郎之所奏而會一要區也巴西瀘南行臺治

甯羌之屬割興安界河南爲右腋西得鞏昌阻陰平鎖蜀
漢北得平涼華亭鎮原崇信涇州靈臺安化合水甯州眞
甯狄道渭源慶洮平涼諸邊之劇邑割實邊藩爲所保守
有秦川供三邊之奔命又西得岷洮北阻蕭關西戒河湟
以司茶馬之居僦又西不盡于生番武昌長江東下淸漢
南來雄挽中流摶蠻中引江外一要區也荆南江右行臺
治之治故鄂城別嫌藩司形勢無相互格其地起武昌逾
江得漢陽阻湞水南得岳州長沙衡陽安仁衡山酃縣耒
陽常甯訖南條西南踰洞庭得荆州辰常泝于沅有黎平
平溪淸浪迄于偏鎮中括施撒永定永順保靖兼漢土西

北阻大峴東傅于海西得歸德太康陳州商水西華項城沈邱窮于汝潁之交太原以故晉之墟左山右河北阻忻代士馬勁疾險障重沓一要區也燕南河東行臺治之別治晉陽別嫌藩司形勢無相互格其地起陽曲太原榆次太谷祁徐溝清源交城文水壽陽盂靜樂平定割鴈塞以爲大同守西南得汾州平陽遼州西畫河南不盡太行以壯澤潞東出土門歷常山得眞定彌亙絡繹以承右輔之或嬴咸陽居渭流之北與長安相望秦川八百關河沃衍之區也關陝秦隴行臺治之別治渭北別嫌藩司形勢無相互格其地起西安北盡北雒界梁山西南得鳳翔漢中

昌濟南東傅于海得益都臨淄樂安博興壽光昌樂臨朐
高苑又東得登萊極于海西得懷慶潞安澤沁扼太行窺
冀晉傅于山雒陽据土中左京索右潼關三塗岳鄙神明
之區也河南荆北行臺治之其地起河南東北得汝州開
封許禹鄭之屬邑窮于滎澤東南得南汝南得襄鄖承德
西南得興安平利石泉洵陽紫陽白河漢陰濱漢沔開湛
清承楚脊控關南東固汝水放于淮徐州憑黃流睨大江
披帶長淮東枕瑯琊咽鬲南北一要區也江北濟南行臺
治之其地起徐州東南得鳳陽淮安南得廬州安慶黃州
滁和盡于江東北得兖州安邱諸城蒙陰莒州沂水日照

江右爲一使江南福浙爲一使巴西瀘南爲一使南贛嶺海爲一使嶺西桂象爲一使滇黔洱海爲一使此十一區者用武地六用文地四兼錯犬牙卒得險者或十六七或十三四因舒蜿隨原隰各因其國取材其產蒐其軍實以聽邊關之不時畿輔爲一使左輔爲一使右輔爲一使大同爲一使延綏爲一使甯夏爲一使河西爲一使此七區者戰地十九內地十一大司農因漕委輸轉十五司之粟米以灌注之滑州襟帶黃河右腋太行左腋鉅野臨制河南之膺膈一要區也河北山東行臺治之其地起大名北有廣平順德南有彰德衞輝封邱延津陽武原武東得東

可反漢唐之疆而絕孤秦陋宋之豐禍也中區之地四戰用文河山用武沙衍耐騎箐峒耐步江海耐舟麥食耐勇稻食耐智雜食耐勞廣土墳爭峚崎壁守鹵國給鹺澤國給積澇鄉給魚豬山給鑄林阜給莽邊徼互馬般道課關其它連錫絲枲筋鰾皮革蒲篠硝黃銅毛杉柟岡桐栟櫚漆林苧絮之所產者可相輸而各奏其利大司農不登之書非中監漁採則豪猾墨吏兼并閭右之所攘也一切取足其瘠疲不耐給者百之四五故曰利貧可假勁銳可僉尼塞可制也請置河北山東爲一使江北濟南爲一使河南荆北爲一使燕南河東爲一使關陝秦隴爲一使荆南

與城其命平魏尚之於雲中李廣之於隴西以一郡捍匈奴之名王者事權重而戰守專也故革分司重府權盡治其郡設推官以贊其吏治立武監以簡其兵賦兵賦所講受成於府有所徵發府受臺計而遣之刑名錢饟馹置屯田水利奏最于兩司足矣夫撓郡權而臨其上者不過治府緒之餘而形隔勢凝推委以積其壞是龐睫儋耳無益于視聽而益損其官也自郡上之爲民之治者受於司爲兵之治者請仍巡撫使之任而去其京銜定其鎭地制其戹塞重其威令僉其勁銳開其文武假其利貸七者具修以置藩輔各戰其境互戰其邊行之百年以意消息中國

其用今之自縣以上三進而及布政使司凡以治民者自秦而下不能易也縣隸府府隸司司受命於天子足以嘑響無關格之疢矣府治其屬旣不能專其有事旁撓于同判推官而巡守兵備安坐其上以扼郡邑之呼吸則分司之建可革也山東府六而分司者十六山西府五而分司者十三陝西府八而分司者二十四四川府九而分司者十七或倍之或參倍之其佐倅遇府設焉或稍浮于府未有一道而兼制數府者也所以束溼纏縶于知府者可謂急矣而一郡數邑不得以制其短長之命旦夕不測其民視牧長如逸兔之於鷙鷹也況其爲天子守疆圉取必而

傳復有□□□□之等夷狄焉思裂維而盜神器如□所
爲彼固狃以爲故常無足難也而天下亦恬不知所怪天
地之氣相干凌矣亦或羸槁不能爲人捄聖人堅擥定趾
以捄天地之禍非大反孤秦陋宋之爲不得延固以天下
爲神器毋疑滯而盡私之故易曰聖人之大寶曰位何以
守位曰人何以聚人曰財非與于貞觀之道者亦安足以
窮其辭哉天地之產聰明材勇物力豐犀勢足資中區而
給其衛聖人官府之公天下而私存因天下用而用天下
故曰天無私覆地無私載王者無私以一人治天下此之
謂也今欲宰制之莫若分兵民而專其治散列藩輔而制

優全故將別建英賢顛倒奔奏星羅牙錯充實內地樹結邊隅一方潰茂聲援谷響雖逮陵遲取資百足亦何至延息海濱乞靈潮水皋亭納璽硇島沈淵終使奇渥吞舟乾坤霾塞濱百年而需遠復哉惟其塗蔽萬民偷錮大器瓦缶之量得盈爲歡嬰兒護餌偃鼠貪河愚夫之惑智者哂焉易曰其亡其亡繫於苞桑苟有繫也足以固矣而必於苞桑焉秦宋之繫於莒枝而不知其根之拔也故曰前事之失後事之師其來茲之謂與

宰制第三

今欲取天下而宰制之有聖人反三維起在位度不十數

靳循僅存于貨酒岳氏遽隕于風波撓棟觸藩莫斯爲甚
夫無爲與者傷之致也交自疑者殊俗之所乘也卒使中
區趨靡形勢解散一折而入于女直再折而入于韃靼以
三五漢唐之區宇盡辮髮負笠澌喪殘剮以潰無窮之防
生民以來未有之禍秦開之而宋成之也是故秦私天下
而力克舉宋私天下而力自詘禍速者絶其胄禍長者喪
其維非獨自喪也抑喪天地分建之極嗚嘑豈不哀哉夫
石守信高懷德之流非有韓彭倔強之資也分節旄擁鎮
牙非有齊秦百二剖土君民之厚實也談笑尊豆兵符立
釋非有田承嗣王武俊李納之跋扈而不可革也使宋能

恃怙蠢醜而并陽不拔胡馬北首數閱而仍歸中國內彊之效亦可覩焉宋以藩臣暴興鼎祚意表所授不蘇而驚趙普斗筲菲姿負乘鉉器貢謀苟且肘枕生猜於是假杯酒以固歡託孔云而媚下削節鎮領宿衛改易藩武建置文弱收總禁軍衰老塡籍孤立於彊虜之側亭亭然無十世之謀縱佚文吏拘法牽縶一傳而弱再傳而靡趙保吉之去來劉六符之恫喝玩在廷于偶線之中而莫之或省城下受盟金繒歲益偷息視肉崇以將階推轂建牙遺風澌滅狄青以樞副之任稍自掀舉苟異一切而密席未溫嫌疑指斥是以英流屏足巨室寒心降及南渡猶祖前謀

者之悲膺疾頞而俗儒之利以爲名也唐無三代牧伯帥長之援無深仁大計建民固本清族類拒外侮之謀竊尸寓農之遺號强合兵農分制府兵徵發宿衛戎壹聽於京師此其法足以數世速亡而迄于天寶禍發始尅者豈府兵之敗軌特遲哉溯其僅存尋其利賴自西州沿北庭迄遼左置督護都督者不隨腹裏得專措置故一時大勳名將若李勣薛仁貴王忠嗣郭元振之流進止刑賞不受中覆選士馬審機宜滂沛椎酤奴隸偏裨下至乾沒猶無所問極重不返而飭度逆行于天麻以成五季者事勢瀾流洄漩激而反倒其歸也然且更迭閏位圖籙弈改石晉北傾

散消弱守牧無資十六國之戎馬精悍非江東之所能敵
也六代文羸漫不足紀遺法餘力僅支江介者二百七十
年使彼孱主孤邦日斤斤焉以孤寡陵遲倒柄藩牧爲慮
曾不足以建十年而石苻拓拔已褰裳而絕安流矣是故
天下之勢有合者有分者有張者有翕者有縱而隨者彊
彼而固此者故曰大制不割樂天下之成而成之選天下
之利而利之今夫柔鷙擊輯縱横驅合于農則實去要慝
朴建脆弱驅合于兵則名存名存實去則自忘其弱而喪
其畛方且割萬有專己私侈身臂矜總持不縱以權不彊
其輔則所以善役天下而揉其禍者蕩然無所利賴此仁

兼半而彊幹植條爲數百年之計者亦自創異意冥合十九侯王封君兼城占籍鑄兵支粟不爲禁戒故長沙可以支三粵之侵叛而燕旦受封制冊之中所以防過獯鬻氏者三致意焉景武以還推恩少力酎金奪侯雖輈輸弱助而命大將遣單使得以意行消息權制士馬而且金虎銅竹雖握禁闥軍民部署尤隆刺守故元成運替安順爽凌然而樓蘭郅支絕亢懸首烏桓羌部躓蹷伏尸雖莽僭西都丕奪許鼎而南陽益部連衍而接墜緒者猶此枌榆之苗裔也晉氏失計延非族以召禍亂中國隤隤非無自致而州牧分土長其君子其民措施不拔瑯琊以延向使泮

不能舍去以外求宗主蹟其所以燾冒天下者樹屏中區閑攢殊類而止若乃天命去留卽彼舍此之際無庸置心要以衣冠舄帶之倫自相統役奠維措命長遠醜孽者寶以爲符得人而遂授之然而帝眷民懷緜遊膠液紛紛延延彌保雲系者則貿于相求而隱于相報也迄于孤秦家法淪墜膠膠然固天下於攀握顧盼驚猜恐彊有力者旦夕崛起效己而劫其藏故翼者翦之機者撞之腴者割之貳人主者不能藉尺土長亭邑者不能橐寸金欲以疑固鴻業長久一姓而憒敗旋趾由此言之詹詹鑿陋未嘗迴軫神區而援立靈族豈不左與漢承其敝古型泰軌白黑

保尊貴偷豫尸功患至而無以敵物偪而無以固子孫之所不能私種類之所不能覆蓋王道泯絕而春秋之所大憖也

古儀第二

自昔炎裔德衰軒轅肇紀閔阽危鑄五兵誅銅額滌飛沙頭刃於涿鹿之埜垂文鼓莅巡瑞定鼎來鷗鷚彌建屏萬邦而神明之胄駢武以登天位者迄於劉漢五姓百十有七后豈不偉與是豈有私神器以貽曾元之心哉而天貺不捨靈光來集者蓋建美意以垂家法傳流雲昆不喪初旨羣甿蒸蒸必以得此而後足於憑依故屢濵播棄而卒

聖人先號萬姓而示之以獨貴保其所貴匡其終亂施于孫子須于後聖可禪可繼可革而不可使□類間之然後植其弱掖其僵揚其潔傾其滓冠昏飲射以文之哭踊虞祔以哀之堂廉級次以序之刑殺征伐以整之淸氣疏曜血脈彊固物不干人沴不侵祥黃鐘以節之唱歎以劉之故禮樂興神人和四靈集而朱草醴泉相踵而奔其靈也今夫元駒之有君也長其穴壤而赤蚍飛螘之窺其門者必部其族以噬殺之終遠其垤無相干雜則役衆蠢者必有以護之也若夫無百禩之憂匙九垓之辨尊以其身於天下憒盈儔侶昣畔同氣猜割奔役弱靡中區乃霍霍然

斥南征故斬令支轢卑耳拓西戎刈潞氏者猶赫赫然震
矜其功以張赤縣之幟彼其左旋右擕夸武辟疆者雖不
足以與聖王權衡三維裘領八極之盛心而聖人猶將登
進之爲稍持其禍而異於澌滅也是以周之天子賜肵俎
錫彤弓命隨會攽黻冕賀任好播金鼓而不見譏於春秋
故曰其事則齊桓晉文其義則某竊取之矣蓋進之也夫
奠三極長中區智周乎四皇心盡乎來許淸露零柯而埸
圍入保片雲合岱而金堤戒濫吳呼好冠而晉視命圭杞
用夷禮而胄紲神禹莫不逆警萌甲而先靖宮庭是故智
小一身力舉天下保其類者爲之長衞其羣者爲之邱故

于所守力僅于所爭固未嘗不糾迴蜿蟺於聖王之心夫廷萬國一君長挾尺捶而奔役四寓功施鈇鉞爛然開于共主而天下弗分其功名聖人豈異人情而不欲此哉然而山河以西師旦分牧函崟以東召奭代理五侯九伯州長連率經緯縫紩劃制員幅者使之控大扶小連營載魄是故偏方遠服不受孤警連城通國若運擘臂則周之盛王所以維繫神皋擯拒□類者意未有所弛而權不可得而衰夷厲而降牧長無命綱維潰破鋒矢尋於同仇牖戶薄於外禦是故孤竹蹙燕淮夷病杞鄭瞞義渠侮齊宋而窺河渭然而天子不能命伯列侯之疆大者矯激奮起北

不在此作春秋明王道內中夏外戎狄疑號者正其辜而終徠之外會者斥其賤而等擯之夫周之衰非有匈奴吐蕃契丹韃靼以爲之外逼也陸渾吾離允姓僑如之族種不能配中國之一名都也燕之北鄙秦之西陲未嘗晨夕於犇命也葵邱束牲而小白求三脊之茅城濮館穀而重耳干隧道之請周之玉步將上逼之爲兢兢而聖人終不以彼憂易此恤者則其故何也文武之興旴履牧率夕步天祚濫唐沿虞服夏裼商承建列侯各君分長山河塞阸際蠻戎夷貊者昔之天下也旣規規然惴其旁午復鼎鼎然虞其上下諸侯或僻介荒小用寡捍疆以小藩大勢詘

審物之皆然而自畛其類尸天下而爲之君長區其靈冥湔其疑似乘其蠱壞峻其墉廓所以絕其禍而使之相捄故曰聖人與天地合德者豈虛獲哉夫人之于物陰陽均也食息均也而不能絕乎物□□之于□□骸竅均也聚析均也而不能絕乎□□所以然者何也人不自畛以絕物則天維裂矣□□不自畛以絕□則地維裂矣天地制人以畛人不能自畛以絕其黨則人維裂矣是故三維者三極之大司也昔者周之衰也誓誥替刺雅興鎬京淪東都徙號祭存綱紐佚詛盟屢私數圻日兼故抱器嚴而思烹漑者日惻惻然移玉之爲憂而聖人之所深長思者或

黃書

船山遺書三十五

衡陽王夫之譔

原極第一

夫觀初始於天地者豈不大哉洋洋乎金以銑之木以幹之土以敦之火烜風撓水裒以烝化之彼滋此孕以繁之脈脈門門泮渙摶翕以離合之故盛德行於無疆而不知其屆也然而清其族絶其畛建其位各歸其屏者則函輿之功所以爲慮至防以切是故山禽趾疏澤禽趾冪乘禽力橫耕禽力縱水耕宜南霜耕宜北是非忍于其泮散而使析其大宗也亦勢之不能相捄而絶其禍也是故聖人

同治四年湘鄉曾
氏栞于金陵節署

黃書一卷

後學吳讓之書首

www.ingramcontent.com/pod-product-compliance
Lightning Source LLC
LaVergne TN
LVHW051058180726
843512LV00020B/1523
* 9 7 8 7 5 0 0 1 7 6 6 4 0 *